AF524906

HEIKO GÄRTNER
FRANZ BUJOR

GRUPPENDYNAMIK

spielend lernen

Besuchen Sie uns im Internet:
www.gmeiner-verlag.de

1. Auflage 2022

Im Ehnried 5, 88605 Meßkirch
Telefon 07575/2095-0
info@gmeiner-verlag.de

Lektorat/Redaktion: Isabell Michelberger
Herstellung: Christian Mahr
Bildbearbeitung/Umschlaggestaltung: Laura Müller
unter Verwendung eines Fotos von: © Rawpixel.com – stock.adobe.com

Druck: Westermann Druck Zwickau GmbH
Printed in Germany
ISBN 978-3-8392-2948-4

HEIKO GÄRTNER
FRANZ BUJOR

GRUPPEN-DYNAMIK

spielend lernen

- 100 motivierende Gruppenspiele
- Erziehungs- und Lehrtechniken aus aller Welt
- Praktische Erlebnispädagogik

GMEINER

INHALTSVERZEICHNIS

Über dieses Buch

Mit unserem Buch Gruppendynamik für Blödies haben wir Ihnen einen kompakten und übersichtlichen Werkzeugkoffer der erlebnispädagogischen Gruppenspielkunst zusammengestellt. Wann immer Sie aus irgendeinem Grund mit einer Gruppe arbeiten, seien es nun Kinder, Jugendliche oder Erwachsene, können Sie Ihre Arbeit auf humorvolle und anspruchsvolle Weise auflockern, ergänzen und abrunden. Gleichzeitig werden sie dabei automatisch die Gruppendynamik stärken und die Schlüsselkompetenzen jedes Einzelnen fördern.

Dabei haben wir darauf geachtet, dass wir Ihnen immer auch Spiele an die Hand geben, die Ihnen helfen, eine gute, fröhliche und produktive Gruppendynamik zu erzeugen. Mit dem Werkzeug der Spiele werden Sie als Gruppenleiter, Teamtrainer, Seminarleiter oder Erlebnispädagoge Ihre Teilnehmer begeistern und gleichzeitig selbst eine Menge Freude erleben.

Muss ich das ganze Buch lesen?

Unser Buch ist tatsächlich nicht als Gutenachtlektüre gedacht, die Sie unbedingt von vorne bis hinten durchlesen müssen. Sie dürfen das natürlich gerne tun und es kann sicher auch nicht schaden. Eher ist es jedoch als Werkzeugkasten gedacht, in den Sie immer wieder hineinschauen und sich das passende Werkzeug herausziehen können. In den jeweiligen Teil-Einleitungen finden Sie Hintergrundinformationen, die Ihnen bei der Spielanleitung helfen, die Sie aber nicht unbedingt benötigen, um Spiele in Ihr Seminar einzubauen. Wenn Sie sich einmal einen Überblick über das Buch gemacht haben und zudem wissen, auf welchem Stand sich Ihre Gruppe gerade befindet, können Sie auch ganz gezielt die Teile durchstöbern, die Sie gerade für Ihre aktuelle Situation benötigen.

Leichtfertige Annahmen über den Leser

Da Sie dieses Buch in den Händen halten, gehen wir mal leichtfertig davon aus, dass Sie Seminare, Workshops, Fortbildungen, Ferienfreizeiten, Jugendcamps oder Schulungen in irgendeiner Art halten oder halten möchten. Wir gehen weiter davon aus, dass Sie Ihre Seminare, Workshops, Fortbildungen, Ferienfreizeiten, Jugendcamps oder Schulungen in irgendeiner Art mit lustigen, spannenden, sinnvollen und auflockernden Spielen bereichern wollen. Wahrscheinlich haben Sie zusätzlich auch noch ein Interesse daran, die Gruppendynamik, die Kommunikation und die Zusammenarbeit in Ihrer Seminargruppe zu fördern, das Gemeinschaftsgefühl zu stärken und die individuellen Stärken jedes Einzelnen herauszulocken und zu entwickeln. Wenn diese Annahmen richtig sind, halten Sie auch genau das richtige Buch in den Händen. Wenn diese Annahmen nicht korrekt sind und Sie am Ende nicht das Geringste mit unserem Buch anfangen können, dann sollten Sie sich dennoch wenigstens ein paar Minuten Zeit nehmen und sich die wirklich coolen Grafiken und Bildchen anschauen. Einfach nur so zum Spaß.

VORWORT

Im Laufe unserer Arbeit als Erlebnis- und Abenteuerpädagogen haben wir über mehrere Jahre die unterschiedlichsten Gruppen und Teams kennengelernt. Vielfach konnten wir dabei beobachten, wie die Spieler innerhalb kürzester Zeit große Entwicklungsschritte durchlebten und wie sich Gruppen von Zwangsgemeinschaften zu echten Teams entwickelten. Unser wirkungsvollstes Werkzeug war und ist dabei unser Fundus an Spielen und Abenteueraufgaben, durch die sich die Spieler auf humorvolle und anspruchsvolle Weise mit wichtigen Themen ihres eigenen Lebens und mit der Gruppengemeinschaft auseinandersetzen.

Als Erlebnispädagogen bezieht sich unsere Arbeit mit den Spielern dabei hauptsächlich auf Klassenfahrten, Teamtrainings und Projekttage. Dadurch ergeben sich Vor- und Nachteile.

Für einen kurzen Zeitraum wird das gewöhnliche Alltagsleben durchbrochen. Die Spieler können sich dann ganz auf die Entwicklung ihrer Persönlichkeit und die der Gruppendynamik konzentrieren. Das gemeinsame Erleben außergewöhnlicher Abenteuer schweißt die Gruppe zusammen und ist ein Lebenshighlight, an das man sich gerne erinnert.

Was aber passiert nun, wenn die Gruppen zurück in ihren Alltag kommen?

Selbst wenn Menschen über Jahre hinweg aus der Gesellschaft aussteigen und frei in der Natur leben, fallen sie zumeist in ihre alten Muster zurück, sobald sie in ihr Alltagsleben zurückkehren. Dies geschieht sogar dann, wenn sie es geschafft haben, Krankheiten und seelische Probleme zu heilen und zu lösen.

Der Grund dafür liegt in der Gewohnheit des Menschen: Haben sich unser Körper und unser Geist erst einmal daran gewöhnt, einen bestimmten Weg zu gehen, erachten sie ihn als den einen wahren Weg und lassen sich nur schwer davon überzeugen, ihn wieder zu verlassen. Egal wie umständlich der Weg auch sein mag. Ein außergewöhnliches Erlebnis, wie wir es für die Spieler auf unseren Programmen kreieren, wirkt dabei wie ein Wegweiser in eine neue Richtung. Es ist ein spannender Weg mit guter Aussicht und viel Nahrung für inneres Wachstum. Natürlich werden die meisten von uns den alten ausgetretenen Pfad zunächst einmal verlassen und schauen, was der neue Weg alles bietet.

Aber schon sehr bald merken sie, dass jemand vergessen hat, ihn mit deutlichen Zeichen zu markieren. Wenn jetzt noch ein Hindernis auftaucht oder von links ein alter Wandergefährte zu uns herüberruft, hüpfen wir lieber schnell auf den bekannten, alten Pfad zurück, der uns vermeintliche Sicherheit gibt. Bereits nach der nächsten Kurve haben wir vergessen, dass wir ihn überhaupt je verlassen haben.

Um das zu verhindern, müssen wir es schaffen, auf dem Lebensweg die Fährten unserer Lebensaufgabe zu lesen, sodass wir uns nicht verirren und nicht in Panik geraten. Am leichtesten ist das, wenn es in unserer Umgebung möglichst viele Menschen gibt, die uns dabei helfen können, da sie uns auf unserer Reise ohnehin ein Stück begleiten. Das können unsere Kindergärtner, Lehrer, Ausbilder und Professoren sein, wie auch Seminarleiter, Teamtrainer, Vorgesetzte, Reiseführer oder Gruppenleiter in Ferienlagern und Freizeitcamps. Je mehr Menschen also in der Lage sind, erlebnispädagogische Gruppenprozesse anzuleiten und die Persönlichkeitsentwicklung ihrer Schützlinge voranzutreiben, desto leichter fällt es uns allen, die ausgetretenen Pfade unserer Ängste, Blockaden und automatischen Angewohnheiten zu verlassen und neue, freiere und erfolgreichere Wege zu gehen.

Aus diesem Grund haben wir diesen Spielekatalog für eine möglichst breite Leserschaft entwickelt. Denn so können wir dazu beitragen, dass sich die wertvollen und hilfreichen Methoden und Techniken, die wir in unserer eigenen Arbeit über viele Jahre hinweg so erfolgreich angewendet haben, weiter verbreiten und noch vielen weiteren Menschen auf ihrem Weg helfen.

Damit halten Sie nun einen großen Schatz in Ihren Händen, der es Ihnen ermöglicht, die Sozialkompetenzen, die Persönlichkeitsentwicklung und die Gruppengemeinschaft in den unterschiedlichsten Gruppen konstant durch ständig neue spielerische Impulse zu fördern.

Durch die Kombination aus außergewöhnlichen Erlebnissen und fest im Alltag installierten Lernstrukturen, kann der Weg in Richtung Entwicklung und Wachstum dauerhaft eingeschlagen werden.

WIE DIESES BUCH AUFGEBAUT IST

Gruppendynamik für Blödies ist in elf Teile eingeteilt. Die ersten zehn davon beinhalten zehn verschiedene Arten von Spielen. Dabei sind jeweils die einfachsten und unkompliziertesten am Anfang der jeweiligen Teile. Nach hinten hin hingegen werden sie immer anspruchsvoller und komplexer, dafür aber natürlich auch effektiver für die Förderung der Gruppendynamik. Der elfte Teil dient dazu, Ihnen noch einige spezielle Tipps und Tricks mit an die Hand zugeben. In der folgenden Aufzählung geben wir Ihnen eine kurze Übersicht über die einzelnen Teile des Buches, sodass Sie sich schneller orientieren können und immer gleich zu dem Punkt gelangen, der für Sie jetzt im Moment wichtig ist.

Teil 1 | Namensspiele

In diesem Teil haben wir Ihnen eine Reihe von Spielen zusammengestellt, die es Ihnen erleichtern, mit einer neuen Gruppe zu starten, in der sich die Teilnehmer noch nicht kennen. Der erste Schritt, sich gegenseitig kennenzulernen ist es stets, die Namen der anderen zu erfahren und auch im Kopf zu behalten. Vor allem bei größeren Gruppen ist dies oft nicht einfach, wenn wir es mit lauter neuen Gesichtern zu tun bekommen, denen wir jeweils einen Namen zuordnen müssen. Die Namensspiele hier sind so aufgebaut, dass sie automatisch Eselsbrücken und emotionale Verknüpfungen in den Köpfen der Spieler erzeugen, sodass es jedem um ein Vielfaches leichter fällt, sich die Namen der anderen zu merken. Sie selbst natürlich eingeschlossen.

Teil 2 | Kennenlernspiele

Sind die Namen erst einmal bekannt, geht es in jeder neuen Gruppe darum, möglichst schnell das Eis zu brechen und eine angenehme, lockere und vertraute Atmosphäre zu erschaffen. Denn nur in einem solchen Rahmen sind gemeinsames Lernen und Wachsen überhaupt möglich. Aus diesem Grund haben wir im zweiten Teil dieses Buches eine Reihe von Kennenlernspielen zusammengestellt, die dabei helfen, dass aus einem Haufen Fremder schnell eine fröhliche und vertraute Gruppe wird, in der es jedem Einzelnen leicht fällt, sich den anderen zu öffnen.

Teil 3 | Spiele zur Gruppenfindung

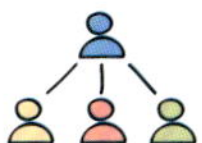

Im dritten Teil des Buches stellen wir Ihnen Spiele vor, mit denen Sie Ihre Gesamtgruppe spielerisch in immer neue Kleingruppen einteilen können. Auf diese Weise können Sie verhindern, dass sich bei der Kleingruppenarbeit immer die gleichen Gruppen zusammenfinden und dass es zu der berühmt-berüchtigten Cliquenbildung kommt. Denn kaum etwas steht einem produktiven Gruppenprozess mehr im Wege, als wenn sich verhärtete Fronten bilden. Mithilfe der Spiele können Sie dem frühzeitig vorbeugen, locker und humorvoll den dynamischen Gruppenprozess unterstützen.

Teil 4 | Aufwärmspiele

In diesem Teil haben wir Spiele zusammengestellt, mit denen Sie jederzeit für Auflockerung, Motivation und frische Energie sorgen können. Sie dienen z.B. als kraftvoller Einstieg, um müde Gruppenmitglieder morgens um 8:00 wachzurütteln oder um wieder Energie aufzubauen, wenn gerade ein langer und trockener Stoff besprochen wurde. Gleichzeitig helfen sie aber auch, nach einer Pause, den Fokus von der persönlich gestalteten Freizeit wieder auf den gemeinsamen Gruppenprozess zu lenken. Sie sind daher auch eine gute Vorbereitung für Vertrauens- und Kooperationsspiele.

Teil 5 | Geländespiele

Mit den Spielen aus diesem fünften Teil des Buches halten Sie einen ganz besonderen Schatz parat. Es handelt sich hier um eine Reihe von actionreichen Abenteuerspielen, bei denen die Teilnehmer in verschiedene Rollen schlüpfen und gemeinsam mit ihrem Team bestimmte Aufgaben meistern müssen. Dabei ist sowohl Fantasie und Kreativität als auch Teamgeist, strategisches Denken und das eigenständige Koordinieren innerhalb der Gruppe gefragt. Da Geländespiele direkt in der Natur gespielt werden, fördern sie zudem die Freude am Draußensein und wirken so der Tendenz unserer heutigen Zeit entgegen, zu glauben, Abenteuer nur noch in Form von Videospielen oder anderen digitalen Medien erleben zu können.

Teil 6 | Wahrnehmungsspiele

Im sechsten Teil des Buches geht es nun weniger um die Förderung der Gruppengemeinschaft, als mehr um die der einzelnen Mitglieder. Hier liegt der Fokus, wie die Überschrift vermuten lässt, vor allem auf der Wahrnehmung. Aufgrund der permanenten Reizüberflutung, der wir durch unsere laute, hektische Welt in unserem Alltag ausgesetzt sind, haben sich unsere Sinne in der Regel sehr stark verschlossen, sodass wir nur noch einen Bruchteil dessen wahrnehmen, was wir eigentlich wahrnehmen könnten. Dies führt leider auch dazu, dass wir viele Gruppenprozesse, Stimmungen und Gefühle überhören, bis sie so akut sind, dass eine Lösung kaum mehr möglich ist. Eine geschulte und offene Wahrnehmung ist daher wichtig, um sowohl den eigenen Wachstumsprozess als auch den der Gruppe voranzutreiben. Und genau dabei helfen die Spiele in diesem Kapitel.

Teil 7 | Vertrauensspiele

Nach dem Fokus auf die eigene Wahrnehmung geht es nun wieder verstärkt um das Miteinander in der Gruppe. Keine Gruppe kann produktiv und harmonisch zusammenarbeiten, wenn sich ihre Mitglieder gegenseitig nicht vertrauen. Daher ist dieser Bereich besonders wichtig für den Gruppenprozess, vor allem dann, wenn bereits einige Konflikte aufgetreten sind. Die Spiele, die wir hier aufgeführt haben, sind dann am wirkungsvollsten, wenn Sie sie individuell angepasst auf Ihre Gruppe vorbereiten und möglicherweise gezielt mit dem aktuellen Gruppenprozess verknüpfen. Im Anschluss sollten sie gut reflektiert werden, sodass die Gruppenmitglieder den größtmöglichen Nutzen daraus ziehen können. Dazu können Sie die Spiele zur Reflexion aus Teil 10 nutzen.

Teil 8 | Kooperationsspiele

Die erlebnispädagogischen Kooperationsspiele stellen gewissermaßen das Herzstück dieses Buches dar. Hierbei handelt es sich um Spiele, bei denen die Gruppe stets als Ganzes zusammenarbeiten und verschiedene Herausforderungen lösen muss. Damit dies funktioniert, ist es wichtig, dass Sie als Spielleiter ganz klare Regeln aufstellen und diese auch genauso klar durchsetzen. Je nachdem wie gut Ihre Gruppe bereits zusammenarbeitet, können Sie für jedes Spiel verschiedene Schwierigkeitsstufen wählen, die Ihrer Gruppe angepasst sind.

Die Spiele dienen jedoch nicht nur der Förderung der Gruppe und ihrer Mitglieder, sondern sind zugleich auch als eine Art Diagnose-Instrument, mit dessen Hilfe sie Problempunkte und unterschwellige Konfliktherde erkennen und sichtbar machen können. Dadurch können Sie auch ganz gezielt an einzelnen Themen arbeiten und die Kooperationsspiele optimal in den Prozess mit einbauen.

Wie bei den Vertrauensspielen ist auch hier eine Abschlussreflexion nach jedem einzelnen Spiel sowie nach Ablauf einer längeren Zeit mit mehreren Spielen von entscheidender Bedeutung für den Entwicklungserfolg Ihrer Gruppe. Wenn es während der Spiele zu Konflikten oder Problemen kommt, die auch im Alltag typisch für die Gruppe sind, dann bieten sich zudem kurze Zwischenreflexionen an, um auf diese Probleme hinzuweisen und gemeinsam nach Lösungen zu suchen.

Teil 9 | Spiele zur Reflexion

Ob am Ende einer Übung, eines Seminartages oder auch einer kompletten Ausbildung oder Freizeit, immer wieder entstehen Situationen, in denen es gut ist, die Teilnehmer über das Geschehene reflektieren zu lassen. Um Ihnen dabei trockene und langatmige Gesprächsrunden zu ersparen, haben wir Ihnen in diesem Teil eine Reihe von den Reflexionsübungen zusammengestellt, die Ihnen das Reflektieren des erlernten Sachverhaltes erleichtert.

Teil 10 | Abschlussspiele

Der letzte Spiele-Teil dieses Buches soll Ihnen dabei helfen, eine Gruppenphase mit einem guten Gefühl zu beenden. Dabei stellen wir zunächst einige Spiele vor, die Sie am Ende einer Zeiteinheit, also eines Seminarblocks, eines Gruppentages oder auch vor einer längeren Pause nutzen können. Am Ende dieses Teils hingegen finden Sie Abschlussspiele, die Sie nutzen können, bevor Ihre Gruppe wirklich wieder für längere Zeit oder auch für immer auseinander geht. Denn die meisten Gelegenheiten, in denen wir gruppendynamische Spiele anwenden können, sind stets von kurzer Dauer. Sei es nun ein Seminarwochenende, eine Ferienfreizeit oder ein Lerncamp. Aber selbst wenn es sich um Schulklassen oder Firmenteams handelt, bestehen diese meist nicht ewig. Irgendwann geht jeder wieder seinen eigenen Weg und dann ist es gut, die gemeinsame Zeit mit einem würdigen Abschluss zu beenden, sodass jeder noch einmal deutlich spüren kann, wie wertvoll das Erlebte für ihn ist und wie es ihn auch in Zukunft begleiten und stärken wird.

Teil 11: Tipps für den perfekten Spielleiter

In diesem letzten Teil, verraten wir Ihnen unsere ultimativen Tipps, um als Spielleiter perfekt auf alle Eventualitäten vorbereitet zu sein. Dafür haben wir Ihnen Antworten für die 10 Fragen parat gelegt, die am häufigsten von Teilnehmern kommen und von denen man sich nicht aus dem Konzept bringen lassen sollte.

Symbole, die in diesem Buch verwendet werden

Dieses Symbol finden Sie immer dann, wenn wir Ihnen einen besonderen Tipp, eine Variation oder eine mögliche Steigerungsform zu einem Spiel dazugeben wollen.

Dieses Symbol taucht immer dann auf, wenn es bei einem Spiel etwas Besonderes zu beachten gibt, z.B. wenn Sie die Spieler dringend auf etwas hinweisen sollten, um Risiken oder Peinlichkeiten auszuschließen.

Dieses Symbol markiert Beispiele, die wir Ihnen zum besseren Verständnis oder als Anregungen für manche Spiele mit an die Hand geben. Sie können aber gerne stattdessen eigene Ideen verwenden.

EINLEITUNG

Spiele sind bereits ab der frühsten Kindheit das wichtigste Mittel, um zu lernen und sich zu entwickeln. Kleinkinder erleben und entdecken ihre Welt als Spiel: Sie spielen mit dem Essen und lernen dabei dessen Konsistenz, Temperatur, Geruch und Geschmack kennen. Sie spielen mit Gegenständen, die sie ertasten, wegwerfen, aufbauen und wieder umwerfen. Dadurch schulen sie ganz nebenbei ihre motorischen Fähigkeiten. Sie spielen mit anderen Kindern, mit großen Geschwistern und Erwachsenen und lernen so, wie sie sozialen Kontakt zu anderen Menschen aufbauen. Mit der Zeit werden ihre Spiele komplexer und damit auch die Fähigkeiten und Kompetenzen, die sie sich erwerben: Im Vater-Mutter-Kind-Spiel empfinden sie das Alltagsleben der Erwachsenen nach. In sportlichen Spielen lernen sie ihren Körper kennen und erweitern dessen Leistungsfähigkeit. Bei spielerischen Entdeckungsreisen werden sie zu Helden ihrer eigenen Welt und beginnen eine eigene Persönlichkeit zu entwickeln.

In der letzten Zeit hat sich dieses spielerische Lernen jedoch stark verändert. Aufgrund von Elternängsten werden viele Spiele der Kinder verboten, da sie als zu gefährlich erscheinen. Die Freizeit der Kinder wird sehr stark durch die Erwachsenen geregelt und vorbestimmt. Leistungsdruck und das damit verbundene Streben nach äußerer Anerkennung treten an die Stelle von selbstbestimmten Zielen. Der starke Einfluss der Medien ersetzt das aktive Erleben von Abenteuern durch passives Konsumieren.

Dabei gerät die Entwicklung der sozialen Kompetenzen und der Kreativität immer mehr in den Hintergrund während der Lernschwerpunkt fast ausschließlich auf den kognitiven Fähigkeiten liegt. In Anbetracht dieser Entwicklung ist es kaum verwunderlich, dass derart viele Kinder an Aufmerksamkeitsdefiziten, Konzentrationsschwächen, Verhaltensauffälligkeiten und sozialen Schwächen leiden. Auch im Erwachsenenalter wirkt sich diese Veränderung sehr stark auf unser Leben und unseren privaten wie beruflichen Erfolg aus. Teamfähigkeit, Frustrationstoleranz, Kreativität, kommunikative Kompetenzen und Empathiefähigkeit gehören zu den häufigsten Punkten, die wir bei unseren Firmentrainings und Coachings als Defizite ausfindig machen konnten.

Die Spiele, die wir in diesem Buch vorstellen und anleiten, wurden speziell dafür entwickelt, um diese Defizite auszugleichen und all jene Schlüsselkompetenzen zu fördern, die im normalen Alltag oftmals zu kurz kommen. Dabei geht es vor allem um vier unterschiedliche Bereiche:

Kreativität

Im Spiel haben alle Beteiligten die Möglichkeit, selbst schöpferisch tätig zu werden, um dadurch eigene Ideen, einen eigenen Stil und letztlich ihre eigene Persönlichkeit zu entwickeln bzw. auszubauen.

Soziale Kompetenzen und Gruppengemeinschaft

Die meisten Spiele sind so konzipiert, dass sie die offene und gemeinschaftliche Zusammenarbeit der Spieler erfordern und dadurch fördern. Auf diese Weise bekommen die Spieler ein natürliches Gefühl, wie wichtig jede einzelne Person für die Gruppe und wie wichtig die Gruppe für jeden Einzelnen ist.

Friedensstifterprinzipien

Durch gemeinsam gelöste Herausforderungen, spielerische Aufgaben und Vertrauensübungen lernen die Spieler einen ehrlichen und friedlichen Umgang miteinander. Dadurch bauen sie oftmals großes Aggressionspotenzial auf natürliche und konstruktive Weise ab.

Naturwahrnehmung und Körpergefühl

Auch wenn die meisten Spiele in einer Sporthalle oder im Gruppenraum stattfinden können, sind sie in erster Linie zum Spielen im Freien gedacht. Hierdurch werden die Natur und deren Wahrnehmung zu einem bedeutenden Element. Durch den intensiven Kontakt mit der Natur und den eigenen Sinnen wird der Bezug der Spieler zu ihrem Körper und zur Tier- und Pflanzenwelt gestärkt. Damit steigt auch das Verantwortungsbewusstsein für ein eigenes gesundes Leben und einen wertschätzenden Umgang mit der Natur. Die Spieler lernen auf spielerische Art und Weise die Naturgesetze kennen.

Das vorliegende Buch ist eine Werkzeugkiste, mit der Sie die Sozialkompetenzen, die individuellen Fähigkeiten und die Gruppengemeinschaft ihrer Teilnehmer konstant fördern können. Nahezu alle Spiele lassen sich dabei sowohl mit Kinder- als auch mit Jugend- und Erwachsenengruppen durchführen. Welche Spiele für welche Gruppen geeignet sind, ist dabei jeweils auf einen Blick erkennbar. Die Spielbeschreibungen selbst sind ein Grundgerüst, das von Ihnen als Seminar- bzw. Gruppenleiter direkt auf Ihre Gruppe angepasst werden kann.

Die Spiele sind nach den Hauptaspekten der sozialen Kompetenzen sortiert, die Sie bei den Teilnehmern fördern können. Da jedoch alle Spiele mehrere Grundaspekte enthalten, ist diese stringente Trennung idealtypisch. Um Ihnen einen besseren Überblick zu verschaffen, ist durch die Schautafel noch einmal angegeben, welche Kompetenzen in welchem Maße gefördert werden.

Die einzelnen Kapitel sind so aufgebaut, dass sich die Spiele von vorne nach hinten in ihrer Komplexität und Herausforderung steigern. Sie ersehen auf den ersten Blick, welche Spiele für den momentanen Stand Ihrer Gruppe gerade besonders gut geeignet sind.

Vor jedem neuen Kapitel finden Sie eine kurze Einleitung zur Spielkategorie, die Ihnen einen Überblick darüber verschafft, was die jeweiligen Aufgaben bei den Spielern bewirken.

Sie als Spielleiter können mit der Anleitung der Aufgaben dabei ebenso kreativ umgehen wie die Spieler mit dem Lösungsweg. Alle Spiele, die wir hier zusammengetragen, weiterentwickelt oder selbst kreiert haben, können und sollen von Ihnen auf die Bedürfnisse Ihrer Gruppe individuell angepasst, verändert und weitergedacht werden.

Wir haben in der Beschreibung der Spiele aufgrund der Einfachheit und besseren Lesbarkeit immer die männliche Form von Spieler, Spielleiter, Teilnehmer und Partner benutzt. Gemeint sind jedoch immer beide Geschlechter. Wir wollen durch diese Vereinfachung niemanden diskriminieren.

Teil 1

Namensspiele

In diesem Teil ...

... lernen Sie verschiedene Arten von Namensspielen kennen und erhalten Tipps, wie Sie neuen Seminargruppen einen guten Einstieg bereiten können, sodass Sie als Seminarleiter gut durchstarten können.

Nichts ist so wichtig für das Zusammenwachsen einer Gruppe wie das gegenseitige Lernen aller Namen. Dies fällt den Teilnehmern am leichtesten, wenn sie es mit einem kreativen Prozess verbinden. Dadurch prägen sich die Namen ins Gehirn ein, und gleichzeitig entsteht ein sehr klarer Bezug zu der entsprechenden Person.

Wir haben in diesem Kapitel unsere besten Namensspiele zusammengestellt, die nicht nur das Namen-Lernen erleichtern, sondern zusätzlich für eine positive Stimmung sorgen. Sie tragen dazu bei, dass sich die Mitglieder Ihrer Gruppe, vom ersten Kennenlernen an, mit einer offenen Grundhaltung begegnen und schnell zu einer Gemeinschaft zusammenwachsen.

Die Spiele in diesem Kapitel sind – anders als in den darauffolgenden – nicht in erster Linie nach ihrer Komplexität sortiert, sondern nach der benötigten Sicherheit in Bezug auf die Namen der Spieler. Die ersten Spiele eignen sich als Einführung für den ersten Kontakt einer neuen Gruppe, die sich zuvor noch nie gesehen hat. Die weiter hinten aufgeführten Aktionen helfen beim Vertiefen und Einprägen bereits gehörter Namen.

Um den Prozess des Namenlernens zu erleichtern, ist es hilfreich, wenn Sie die Namensspiele gut mit den Kennenlernspielen aus Teil II mischen. Dadurch entsteht ein geistiges Bild der anderen Person und man erschafft einen größeren Bezug zu ihr.

Das schnellste Namensspiel der Welt

Wirkung des Spiels

Es ist vor allem ein lockeres, Stimmung steigerndes Spiel, mit dem Sie einen ersten Kontakt zwischen den Spielern herstellen können. Tatsächlich hilft es nahezu nicht, um sich die Namen wirklich zu merken, dafür nimmt es den Teilnehmern aber die Angst, noch mal nachzufragen.

Reaktion
Spaß
Kennenlernen
Action

Ort	überall
Dauer	5-10 Min.
Altersstufe	ab 7 Jahre
Gruppengröße	8-30 Spieler
Material	Stoppuhr

Anleitung

1. Weisen Sie Ihre Gruppe an, einen Stehkreis zu machen.
2. Beginnend mit Ihnen nennen nacheinander alle Teilnehmer im Uhrzeigersinn so schnell sie können ihren Namen. Dabei stoppen Sie die Zeit.
3. Nach einer ersten Runde können Sie das Spiel mit dem Versuch wiederholen, immer neue Bestzeiten aufzustellen.
4. Wenn die Zeit nicht mehr unterboten werden kann, können Freiwillige testen, wie viele Namen sie trotz des schnellen Aufsagens behalten haben. Ermuntern Sie sie dabei, möglichst kreativ mit ihren Erinnerungslücken umzugehen und bei Namen, die ihnen nicht einfallen, wild drauflos zu raten. Der Betroffene kann dann die kreativen Fehlversuche würdigen, indem er »schöner Fehler« ruft.

Steigerungsformen

Nachdem eine gute Bestzeit aufgestellt wurde, können die Spieler ihre Namen noch rückwärts aufsagen. Dabei sind sie dann auch gegen den Uhrzeigersinn an der Reihe.

Krepp-Staffel

Wirkung des Spiels

Dieses Spiel ist gut geeignet, um das Erstellen von Namensschildern in einen spielerischen Rahmen zu verpacken, und sorgt dabei für eine sportliche und fröhliche Stimmung.

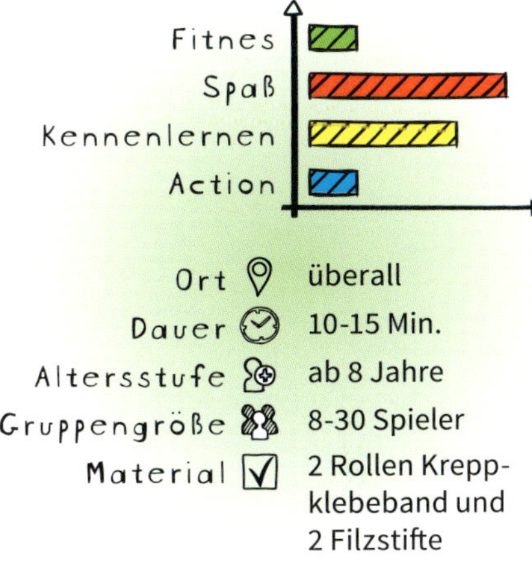

Anleitung

1. Die Gruppe wird in zwei Mannschaften aufgeteilt, die sich im Abstand von ca. 20 m gegenüberstehen. In der Mitte zwischen beiden Mannschaften liegen zwei Rollen Kreppband und zwei Filzstifte.
2. Auf ein Startsignal hin rennen die jeweils ersten Spieler beider Mannschaften in die Mitte, schreiben sich selbst ein Namensschild, rennen zurück und schlagen den nächsten Spieler ihrer Mannschaft ab, woraufhin auch dieser losrennen kann.
3. Wichtig ist dabei, dass die Namensschilder lesbar sind. Ist ein Schild nicht lesbar, so muss der Spieler erneut laufen.
4. Die Mannschaft, die sich zuerst komplett mit Namensschildern ausgestattet hat, gewinnt das Spiel.

Namensraupe

Wirkung des Spiels

Dies ist ein einfaches Spiel, bei dem die Spieler untereinander ihre Namen kennenlernen können. Es eignet sich vor allem um bei Wanderungen oder Ausflügen längere Wegstrecken aufzulockern.

Spannung
Kommunikation
Kennenlernen
Spaß

Ort	im Freien, auf Wegen
Dauer	10-20 Min.
Altersstufe	ab 7 Jahre
Gruppengröße	5-30 Spieler
Material	keines

Anleitung

1. Die Gruppe geht im Gänsemarsch hintereinander her.
2. Der vorderste Spieler flüstert seinem Hintermann im Gehen seinen Namen zu, der dann wie bei der stillen Post ganz nach hinten durchgegeben wird.
3. Der letzte Spieler ruft ihn laut über die ganze Gruppe hinweg wieder nach vorne.
4. War der Name richtig, verlässt der 1. Spieler die Schlange und reiht sich hinten wieder ein. Wurde der Name nicht richtig weitergegeben wiederholt er ihn noch einmal auf die gleiche Weise.
5. Das Spiel endet, wenn jeder Name einmal richtig gerufen wurde.

Variante

Anstelle der Namen können auch andere Dinge weitergesagt werden, wenn sich die Gruppe bereits kennt.

Der dosige Dennis

Wirkung des Spiels

Mit diesem Spiel können Sie die Kreativität und Spontaneität der Teilnehmer fördern und ihnen das Lernen der Namen durch Eselsbrücken erleichtern. Außerdem macht es Spaß, lockert auf und sieht dazu noch lustig aus.

Kooperation
Spaß
Kennenlernen
Konzentration

Ort	überall
Dauer	10-15 Min.
Altersstufe	ab 8 Jahre
Gruppengröße	6-30 Spieler
Material	keines

Anleitung

1. Lassen Sie Ihre Gruppe einen Kreis bilden.
2. Nacheinander nennen die Teilnehmer ihre Namen, zusammen mit einer Eigenschaft, die mit dem gleichen Anfangsbuchstaben beginnen muss. Es können sowohl bekannte Eigenschaften sein, wie etwa »die fröhliche Franziska«, oder auch erfundene wie »der dosige Dennis«.
3. Passend zur Eigenschaft macht jeder Spieler dazu eine Geste.
4. Wenn der Teilnehmer fertig ist, wiederholen alle anderen gleichzeitig was er gesagt und gezeigt hat.
5. Wenn jeder an der Reihe war, können Freiwillige versuchen, so viele Namen, Eigenschaften und Gesten wiederzugeben wie möglich.

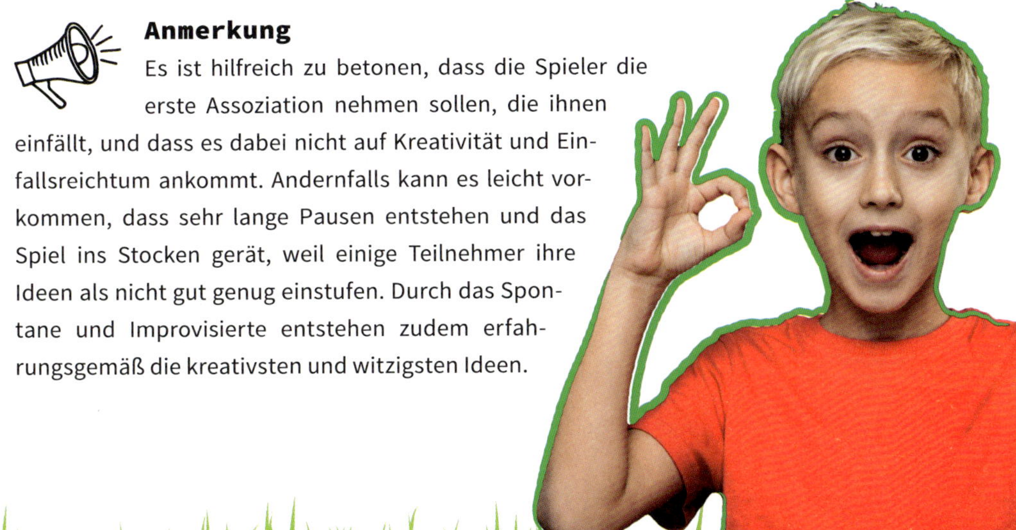

Anmerkung

Es ist hilfreich zu betonen, dass die Spieler die erste Assoziation nehmen sollen, die ihnen einfällt, und dass es dabei nicht auf Kreativität und Einfallsreichtum ankommt. Andernfalls kann es leicht vorkommen, dass sehr lange Pausen entstehen und das Spiel ins Stocken gerät, weil einige Teilnehmer ihre Ideen als nicht gut genug einstufen. Durch das Spontane und Improvisierte entstehen zudem erfahrungsgemäß die kreativsten und witzigsten Ideen.

Kreppiade

Wirkung des Spiels

Die Kreppiade ist bereits ein einfaches Kooperationsspiel, bei dem die Spieler gemeinsam eine Strategie entwickeln und umsetzen und sich dabei selbst einschätzen müssen.

Kreativität
Kommunikation
Kennenlernen
Kooperation

Ort	überall
Dauer	10-15 Min.
Altersstufe	ab 9 Jahre
Gruppengröße	6-30 Spieler
Material	2 Rollen Kreppklebeband, Filzstifte, eine Stoppuhr

Anleitung

1. Ihre Gruppe steht im Kreis, 2 Rollen Kreppband und zwei Filzstifte liegen in der Mitte.
2. Nun haben die Spieler die Aufgabe, in möglichst kurzer Zeit alle Spieler mit einem Namensschild zu versehen, wobei keiner seinen eigenen Namen schreiben darf.
3. Die Spieler sollen zunächst einschätzen, wie viel Zeit sie dafür brauchen. Dann haben sie die Möglichkeit, eine Strategie zu entwickeln, mit der sie an die Aufgabe herangehen wollen.
4. Sobald das Kreppband und die Stifte aus der Mitte genommen werden, beginnt das Spiel. Es endet, wenn beides wieder an der gleichen Stelle liegt und die Gruppe wieder einen ordentlichen Kreis darum gebildet hat.
5. Die Spieler können nun zunächst schätzen, ob sie die Zeit, auf die sie am Anfang getippt haben, einhalten konnten, oder wie weit sie davon abgewichen sind. Dann bekommen sie vom Spielleiter die tatsächliche Zeit genannt.

Variante

Anstelle von klebenden Namensschildern können auch Schilder für den Tisch gemacht werden. In diesem Fall können die Spieler entweder bereits Tischkärtchen zur Verfügung gestellt bekommen oder einen Stapel mit DIN-A4-Blättern, die sie selbst noch weiterverarbeiten müssen.

Fließende Begrüßungen

Wirkung des Spiels

Mit diesem Namensspiel können Sie die Spontaneität und Reaktionsfähigkeit der Teilnehmer fördern und für eine lockere Stimmung sorgen.

Reaktion
Spaß
Kennenlernen
Konzentration

Ort	überall
Dauer	5-10 Min.
Altersstufe	ab 8 Jahre
Gruppengröße	8-30 Spieler
Material	keines

Anleitung

1. Die Gruppe steht im Kreis.
2. Mit Ihnen beginnend sagt jeder Anwesende seinen Namen, zunächst alle einmal nacheinander. Sagen Sie den Spielern dabei, dass sie versuchen sollen, sich mindestens einen anderen Namen zu merken.
3. Nun beginnt das eigentliche Spiel. Sagen Sie dazu laut und deutlich den Namen eines Spielers und gehen Sie schnurstracks auf diesen zu.
4. Der Spieler muss nun möglichst schnell einen anderen Namen nennen und auf diese Person zugehen, während Sie selbst seinen Platz einnehmen.
5. Auf diese Weise entsteht ein fließender Platzwechsel, der nach Möglichkeit nicht unterbrochen werden darf.
6. Wenn einem Teilnehmer kein Name einfällt oder der Name eines Teilnehmers von niemandem gemerkt wurde, kann auch beim Losgehen nach dem Namen gefragt werden.

Steigerungsform

Wenn Sie dem Spiel mehr Tempo verleihen wollen, können Sie auch nach und nach weitere Spieler losschicken, sodass diese gleichzeitig laufen.

Gruppenjonglage

Wirkung des Spiels

Dies ist ein fröhliches, lockeres und leicht chaotisches Spiel, das immer für eine gute Atmosphäre sorgt. Die Teilnehmer müssen sich Konzentrieren und die Namen ihrer Mitspieler direkt mit einer Handlung verbinden. Dadurch schulen Sie mit diesem Spiel die Aufmerksamkeit und die Koordinationsfähigkeit der Spieler.

Ort	überall
Dauer	10-20 Min.
Altersstufe	ab 8 Jahre
Gruppengröße	6-30 Spieler
Material	Bälle und/oder andere Gegenstände, die man gut werfen und fangen kann

Anleitung

1. Die Gruppe steht in einem Kreis.
2. Sagen Sie als Spielleiter laut Ihren Namen und werfen Sie einen Ball einem Teilnehmer zu. Dieser fängt ihn, sagt ebenfalls seinen Namen und wirft ihn dann weiter. Um zu erkennen, welcher Spieler bereits den Ball hatte, können Sie ansagen, dass die Mitspieler die Hand auf den Kopf legen sollen, wenn sie schon einen Ballkontakt hatten.
3. Jeder Teilnehmer merkt sich, von wem er den Ball bekommen und an wen er ihn weiter geworfen hat. Der letzte Teilnehmer wirft dann den Ball an Sie (den Spieleröffner) zurück.
4. Nun können Sie Ihren Teilnehmern sagen, dass alle ihre Hände wieder vom Kopf nehmen dürfen. Damit beginnt die 2. Runde des Spiels.
5. Sie werfen den Ball zum gleichen Spieler wie in der ersten Runde und sagen dabei nun laut dessen Namen. Auf die gleiche Weise wird der Ball nun immer weiter geworfen, und zwar in exakt der gleichen Reihenfolge wie beim ersten Durchgang. Leiten Sie die Teilnehmer dabei so an, dass sie versuchen, den Ball möglichst schnell weiterzuspielen, ohne ihn aber fallen zu lassen. Jeder Spieler, der einen Ball bekommt, sagt laut seinen Namen.
6. Nach und nach können Sie weitere andersfarbige Bälle hinzugeben, die ebenfalls in der gleichen Reihenfolge weiter geworfen werden.

Variante

Bei großen Gruppen können Sie das Spiel in zwei Kreisen spielen. Dabei wechselt dann jeder Spieler, der einen Ball fallen lässt, in den jeweils anderen Kreis, sodass es immer wieder zu einem Austausch kommt.

Steigerungsformen

Um das Spiel noch etwas anspruchsvoller zu gestalten, können Sie zusätzliche Schwierigkeitsstufen einführen:

- Die weiteren Bälle werden nicht in der gleichen, sondern in umgekehrter oder völlig neuer Reihenfolge gespielt. Hinzu kommen schließlich »unsichtbare Bälle« in Form von Gesten oder Wörtern zu einem bestimmten Thema (Hauptstädte, Lieblingsspeisen, Farben etc.), die entweder über ein Handzeichen oder durch reinen Blickkontakt weitergegeben werden.
- Der Ball muss so schnell wie möglich einmal herumlaufen, ohne herunterzufallen. Wenn die Gruppe eine gute Zeit erreicht hat, kann sie noch versuchen, diese zu optimieren, indem sie sich neue Strategien einfallen lässt (z.B. durch Umsortieren).

Zeitungsschlagen

Wirkung des Spiels

Bei diesem Spiel können die Spieler die Namen der Gruppe leicht lernen und einprägen, gleichzeitig wird die Reaktionsfähigkeit geschult und es entsteht eine fröhliche und lockere Atmosphäre.

Kooperation
Spaß
Kennenlernen
Reaktion

Ort	überall
Dauer	10-20 Min.
Altersstufe	ab 9 Jahre
Gruppengröße	6-30 Spieler
Material	eine Zeitung oder vergleichbares; evtl. Stühle

Anleitung

1. Die Gruppe sitzt in einem Kreis, ein Spieler befindet sich mit einer zusammengerollten Zeitung in der Mitte.
2. Beginnen Sie das Spiel, indem Sie den Namen eines Mitspielers nennen. Dieser muss nun so schnell wie möglich einen anderen Namen rufen, bevor es dem Spieler in der Mitte gelingt, ihn mit der Zeitung am Fuß oder an den Beinen anzuschlagen.
3. War ein Spieler zu langsam oder nennt er aus Versehen den Namen des Spielers in der Mitte, wird er der neue Zeitungsschläger und der alte nimmt seinen Platz ein.

Varianten

Bei größeren Gruppen können auch zwei oder mehrere Zeitungsschläger eingesetzt werden.

Achtung

Achten Sie bei diesem Spiel darauf, dass der Spieler in der Mitte nach einiger Zeit einen freiwilligen Nachfolger auswählen kann, falls es ihm nicht gelingt, einen anderen anzuschlagen. Andernfalls kann das Spiel möglicherweise sehr unangenehm für den Zeitungsschläger werden.

Namensmauer

Spannung	
Reaktion	
Kennenlernen	
Konzetration	

Ort	überall
Dauer	10-20 Min.
Altersstufe	ab 8 Jahre
Gruppengröße	10-30 Spieler
Material	Decke oder Plane

Wirkung des Spiels

Das Spiel hilft den Teilnehmern, sich die bereits gehörten Namen der anderen dauerhaft zu merken, und fördert nebenbei noch die Reaktionsfähigkeit.

Anleitung

1. Teilen Sie die Gruppe in zwei Teams auf, die sich gegenüber auf den Boden setzen.
2. Von je einem Spieler aus einer Mannschaft wird senkrecht in der Mitte eine Plane oder Decke hochgehalten, sodass sich die Teams gegenseitig nicht sehen können.
3. Aus jedem Team wird stillschweigend ein Spieler ausgewählt, der sich direkt vor die Decke setzt.
4. Auf ein Kommando lassen die beiden Deckenhalter die Decke fallen.
5. Die ausgewählten Spieler müssen nun so schnell wie möglich den Namen ihres Gegenübers rufen. Der langsamere Spieler muss dann zum Team des schnelleren überwechseln.
6. Anschließend nehmen zwei neue Teilnehmer die Decke wieder auf und die Mannschaften wählen jeweils einen neuen Spieler für die Mitte aus.

Steigerungsformen

1. Jede Mannschaft wählt zwei Spieler aus, und es müssen je beide Namen genannt werden.
2. Die Spieler sitzen mit dem Rücken zueinander und müssen den jeweils anderen Namen anhand einer Umschreibung der Mitspieler ihrer eigenen Mannschaft erraten.

Namenskette

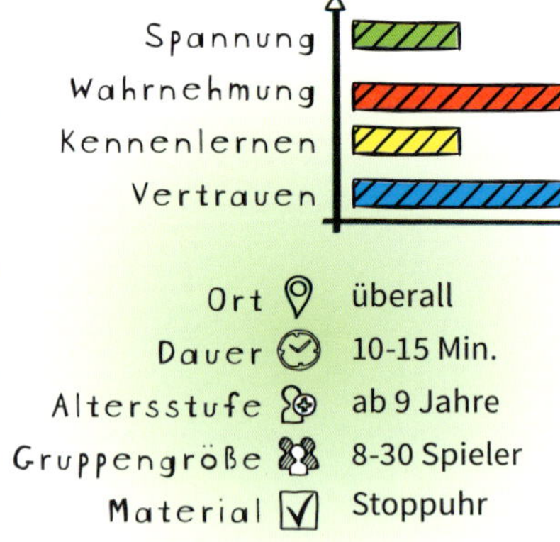

Wirkung des Spiels

Bei der Namenskette handelt es sich um ein Namens- und um ein Vertrauensspiel. Es sollte nicht das erste Spiel sein, das Sie mit einer Gruppe spielen. Nach einer kurzen Kennenlernphase kann es als Namens-Auffrischungsspiel sehr schnell das Vertrauen innerhalb der Gruppe stärken und zu einer positiven Gruppendynamik beitragen.

Anleitung

1. Die Teilnehmer gehen vorsichtig tastend mit geschlossenen Augen durch den Raum. Wenn sie auf Hindernisse oder andere Personen treffen, wechseln sie die Richtung und gehen langsam weiter.
2. Auf ein Zeichen des Spielleiters bleiben alle Spieler stehen, lassen die Augen aber geschlossen.
3. Der Spielleiter geht nun zu einem Spieler, tippt ihm auf die Schulter und sagt dabei dessen Namen.
4. Dieser öffnet nun seine Augen und muss so schnell wie möglich einen anderen Spieler auf die gleiche Weise befreien.
5. Hat er einen erweckt, so stellt sich dieser vor ihn und die beiden bilden eine Kette, die durch das Erwecken weiterer Teilnehmer mit der Zeit immer länger wird.
6. Das Ziel ist es, so schnell wie möglich alle Spieler zu erwecken, ohne dass die Kette abreißt.
7. Wenn Sie dabei die Zeit stoppen, kann die Gruppe versuchen, sie in einer zweiten Runde zu unterbieten.

Teil 2

Kennenlernspiele

In diesem Teil ...

... stellen wir Ihnen verschiedene Arten von Kennenlernspielen vor, mit denen Sie das Eis brechen und eine vertrauensvolle, angenehme und lockere Atmosphäre in Ihrer Gruppe erschaffen können.

Die Anfangszeit, in der sich die Teilnehmer zu einer Gruppe zusammenfinden, ist für die Entwicklung und den Verlauf ihrer gemeinsamen Zeit von ausschlaggebender Bedeutung. Wenn es Ihnen gelingt, einen Grundstein für ein offenes, ehrliches und freundliches Miteinander zu legen, können Sie vielen Problemen im Gruppengefüge vorbeugen. Damit ist nicht gemeint, dass es in einer Gruppe, die einen guten Start hatte, keine Konflikte geben wird. Konflikte muss es geben, allein schon deshalb, weil wir Menschen mit individuellen Interessen, Wünschen, Stärken, Vorlieben und Vorerfahrungen sind und keine gefühllosen Clone. Durch einen guten gemeinsamen Start gelingt es aber leichter, Konflikte offen anzugehen und konstruktiv an ihnen zu arbeiten. Dies liegt vor allem an einem stärkeren gegenseitigen Verständnis, am gegenseitigen Vertrauen und der daraus resultierenden Ehrlichkeit.

Die Kennenlernspiele, die wir hier für Sie zusammengestellt haben, bieten eine gute Grundlage, um eine angenehme Atmosphäre zu schaffen. Hier können die sich noch fremden Spieler leicht aufeinander zugehen und sich den anderen öffnen.

Dabei dient die humorvolle Art, auf die sich die Gruppenmitglieder im Spiel kennenlernen als Eis- und Angstbrecher. Viele Menschen fühlen sich verängstigt und unwohl, wenn sie in eine neue Situation kommen, in der sie noch keine andere Person kennen. Unsere Spiele sind daher so sortiert, dass die Spieler zunächst miteinander in Kontakt kommen, ohne alles von sich preisgeben zu müssen. Nach hinten hin steigert sich dann die Intensität des Kennenlerncharakters.

Mischen Sie dabei vor allem in der ersten Gruppenfindungsphase Kennenlern- und Namensspiele. Dadurch, dass die Kennenlernspiele ein deutliches geistiges Bild der Mitspieler im Kopf entstehen lassen, fällt auch das Namenlernen leichter.

Alle die ...

Spannung	
Reaktion	
Kennenlernen	
Konzentration	

Ort	überall
Dauer	10-15 Min.
Altersstufe	ab 6 Jahre
Gruppengröße	10-30 Spieler
Material	Stühle, Sitzkissen o.ä.

Wirkung des Spiels

Dies ist ein lockeres, fröhliches Spiel, bei dem die Teilnehmer ein bisschen was über ihre Kameraden erfahren können, ohne sich direkt präsentieren zu müssen.

Anleitung

1. Die Gruppe sitzt in einem Kreis, wobei es eine Sitzgelegenheit weniger gibt als Spieler.
2. Der Spieler, der keinen Platz hat, steht in der Mitte und kann nun einen Satz sagen, der mit *»Alle die«* beginnt und den er selbst zu Ende führt. Z.B. *»Alle die, die gerne Pizza essen«, »Alle die, die rote Socken anhaben«, »Alle die, die einmal einen Urlaub in Schweden gemacht haben«, ...*
3. Alle, auf die die Aussage zutrifft, müssen nun aufspringen und sich einen neuen Platz suchen. Dabei versucht auch der Spieler, der den Satz gesagt hat, einen Platz zu bekommen. Derjenige der am Ende übrig bleibt, darf nun den nächsten Satz sagen.

Landkarte

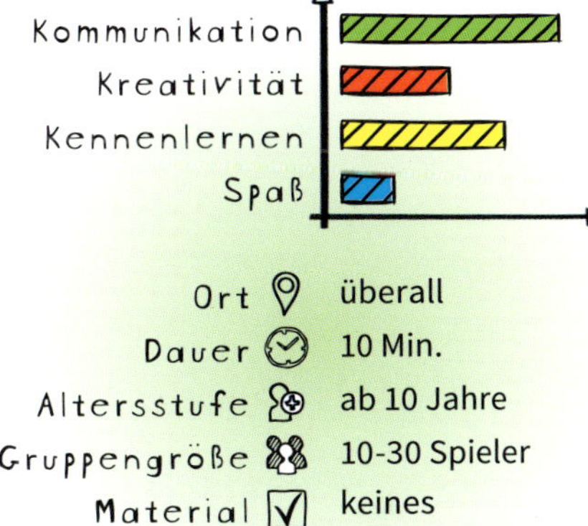

Wirkung des Spiels

Dieses Spiel eignet sich besonders als Einstieg in die Arbeit mit neuen Gruppen, bei denen die Teilnehmer sehr unterschiedliche Herkunftsorte oder -länder haben. Zum einen, weil es die Vielfältigkeit sehr schön veranschaulicht, und zum anderen, weil jeder die Möglichkeit hat, etwas über sich und seine eigenen Wurzeln zu erzählen.

Anleitung

1. Erklären Sie den Teilnehmern, dass sie sich auf einer plastischen Landkarte befinden. Legen Sie dazu einen Mittelpunkt auf dem Fußboden fest, der den aktuellen Standort markiert, und zeigen Sie den Spielern, in welcher Richtung Norden, Süden, Osten und Westen sind.
2. Die Teilnehmer sollen sich nun nach ihrem Geburtsort auf dieser Karte positionieren, sodass ein einigermaßen stimmiger Maßstab entsteht. Dabei dürfen sie sich austauschen und ihren Standort jederzeit korrigieren.
3. Wenn alle einen Platz gefunden haben, geht der Spielleiter auf der Karte herum und interviewt die Spieler, um herauszufinden, um welche Orte es sich handelt und wie weit sie jeweils vom aktuellen Aufenthaltsort entfernt sind. Dabei kann er auch noch weitere offene Fragen stellen und die Spieler damit motivieren, etwas über sich zu erzählen.

Tipp

Anstatt des Geburtsortes können Sie auch nach dem aktuellen Wohnort fragen. Dies ist vor allem dann eine gute Möglichkeit, wenn die Teilnehmer Ihres Seminars Übungsgruppen bilden sollen.

Bahnhofsmusik

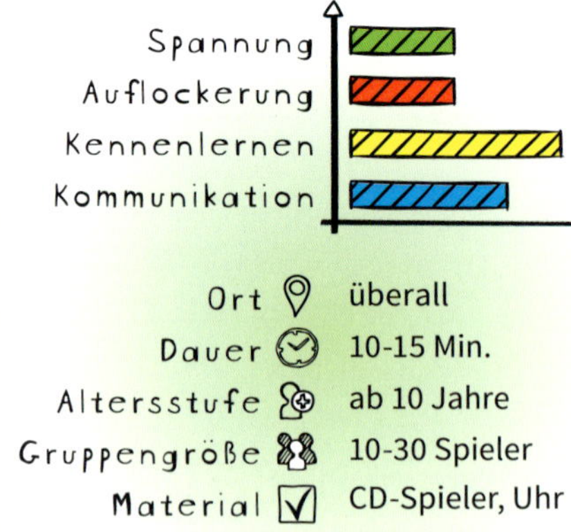

Wirkung des Spiels

Dieses Spiel ermöglicht es den Teilnehmern, in einen näheren, persönlichen Austausch mit unterschiedlichen neuen Mitteilnehmern zu kommen. So können Sie Grundlagen für spätere selbstbestimmte Gespräche legen und Hemmungen abbauen.

Anleitung

1. Alle Teilnehmer gehen frei zu fröhlicher Musik aus dem CD-Player im Raum umher.
2. Stoppen Sie die Musik unvermittelt und leiten Sie die Spieler an, sich den Partner, der am nächsten zu ihm steht, auszuwählen.
3. Stellen Sie nun laut eine Frage in den Raum, die sich die beiden Partner gegenseitig beantworten.
4. Nach einer Minute stellen Sie die Musik wieder an und alle gehen weiter.
5. Stoppen Sie die Musik in der gleichen Weise für so viele Fragen, wie Sie wollen.

Mögliche Fragen können dabei sein:

- Wo kommt ihr gerade her? / Wie seid ihr angereist?
- Was würdet ihr euch nachher zu essen machen oder kaufen?
- Welches Buch lest ihr gerade oder habt ihr als Letztes gelesen?
- Welchen Film würdet ihr euch im Kino (auf DVD) anschauen?
- Was war eure aufregendste Reise / euer aufregendstes Erlebnis?
- Wo möchtet ihr gerne einmal im Urlaub hinfahren?
- Was wollt ihr in eurem Leben auf jeden Fall einmal machen?

Anmerkung

Achten Sie als Spielleiter darauf, dass die Teilnehmer ihre Unterhaltung nach einer Minute wirklich direkt abbrechen. Das führt vor allem bei späteren, persönlicheren Fragen dazu, dass ein gegenseitiges Interesse geweckt wird, das sie während des Spieles nicht befriedigen können. Daraus ergeben sich dann im Nachhinein häufig noch sehr spannende Gespräche, um die unvollendeten Themen wieder aufzugreifen.

Klopapierrollen

Spannung
Spaß
Kennenlernen
Kommunikation

Wirkung des Spiels

Das Spiel ist gut geeignet, um zunächst einmal eine lockere Stimmung zu erzeugen und den Teilnehmern dann die Möglichkeit zu geben, sich den anderen auf ihre eigene Weise vorzustellen.

Ort	überall
Dauer	20-30 Min.
Altersstufe	ab 10 Jahre
Gruppengröße	10-30 Spieler
Material	eine Rolle Klopapier

Anleitung

1. Die Gruppe sitzt im Kreis.
2. Geben Sie eine Klopapierrolle herum mit der Anweisung, dass sich jeder so viel davon nehmen soll, wie er glaubt für einen kompletten Tag in der Wildnis zu brauchen. (Oder auch für den ganzen Tag im Seminarhaus, falls dieses die letzte Rolle Klopapier ist, die es hier noch gibt.)
3. Wenn die Rolle wieder bei Ihnen angelangt ist, beginnt die eigentliche Kennenlernrunde: Jeder erzählt so viele Informationen über sich selbst (Eigenschaften, Hobbys, Lieblingsspeisen etc.), wie er sich Klopapierblätter genommen hat.

Anmerkung

Der witzige Effekt kommt bei diesem Spiel vor allem daher, dass die Teilnehmer zunächst nicht wissen, worum es geht, und ist dann besonders groß, wenn am nächsten Tag wirklich eine längere Wanderung oder eine Aktion im Freien stattfinden soll.

Stimmungsbilder

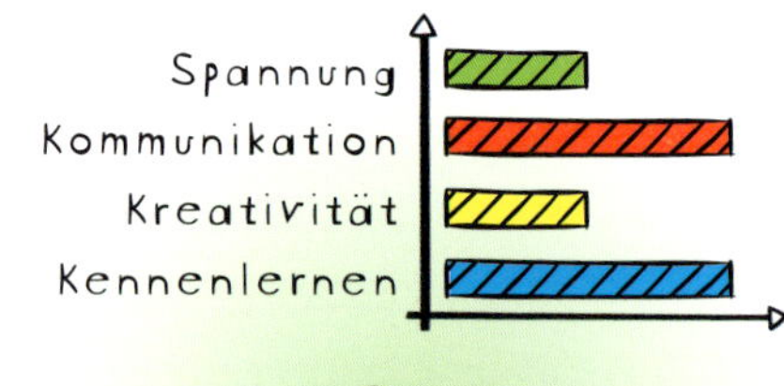

Ort: überall
Dauer: 20-30 Min.
Altersstufe: ab 9 Jahre
Gruppengröße: 8-30 Spieler
Material: Postkarten oder Fotografien mit schönen, ansprechenden Bildern, mindestens eineinhalbmal so viele wie Spieler

Wirkung des Spiels

Dieses Kennenlernspiel ermöglicht es den Spielern, sich auf kreative Art vorzustellen. Dabei hilft ihnen die Assoziation, zu dem ausgewählten Bild einen leichten Einstieg zu finden, um sich auf eine interessantere Art zu präsentieren als es bei einer reinen Verstand-orientierten Vorstellungsrunde der Fall ist.

Anleitung

1. Legen Sie die Fotokarten auf dem Boden aus. Fordern Sie die Teilnehmer auf, sie sich genau anzusehen und sich eine von ihnen auszusuchen. Die Karte ihrer Wahl sollte sie dabei besonders ansprechen oder vom Gefühl her zu ihrer Persönlichkeit oder aktuellen Lebenssituation passen.
2. Jeder, der sich für eine Karte entschieden hat, setzt sich in den Kreis.
3. Wenn alle Teilnehmer sitzen, erzählt jeder der Reihe nach kurz, warum er sein Bild gewählt hat und was er damit verbindet. Dabei können zusätzlich noch ein paar allgemeine Informationen zur eigenen Person hinzugefügt werden.

Anmerkung

Sie können dieses Spiel auch als Reflexionsmethode verwenden, indem Sie es nach einiger Zeit oder am Ende des Seminars noch einmal machen. Dabei lässt sich gut beobachten, wie sich die gewählten Bilder und damit verbundene Assoziationen verändert haben.

Rasende Reporter

Wirkung des Spiels

Dieses Spiel eignet sich hervorragend, um bei einer neuen Gruppe das Eis zu brechen und die einzelnen Teilnehmer zum gegenseitigen Austausch anzuregen. Dabei können sie viele interessante Dinge über ihre neuen Mitteilnehmer erfahren.

Spaß
Kreativität
Kennenlernen
Kommunikation

Ort	überall
Dauer	20-30 Min.
Altersstufe	ab 10 Jahre
Gruppengröße	10-30 Spieler
Material	Papier, Stifte und evtl. Schreibunterlagen

Anleitung

1. Die Teilnehmer sind rasende Reporter, deren Aufgabe es ist, so viele Informationen über so viele Menschen wie möglich zu sammeln und auf einem Zettel zu notieren.
2. Dabei dürfen sie jedem immer nur eine einzige Frage stellen und müssen dann sofort wieder eine neue Person aufsuchen. Außerdem dürfen keine Rückfragen gestellt werden. Wenn ein Spieler einen anderen interviewt hat, kann er also nicht gleich danach von diesem interviewt werden.
3. Stoppen Sie die Interviewzeit nach etwa 10 Minuten und leiten Sie die Gruppe an, wieder im Kreis zusammenzukommen.
4. Anschließend tragen nacheinander alle Reporter zusammen, was sie bei ihrer Recherche herausgefunden haben.

Steckbriefe

Wirkung des Spiels

Dieses Kennenlernspiel birgt für die Spieler die Möglichkeit, selbst zu entscheiden, wie viel sie den anderen über sich preisgeben möchten, und hilft dadurch, evtl. bestehende Ängste abzubauen. Gleichzeitig ermöglicht es Ihnen, in lockerer Atmosphäre einiges an interessanten Details über die anderen zu erfahren.

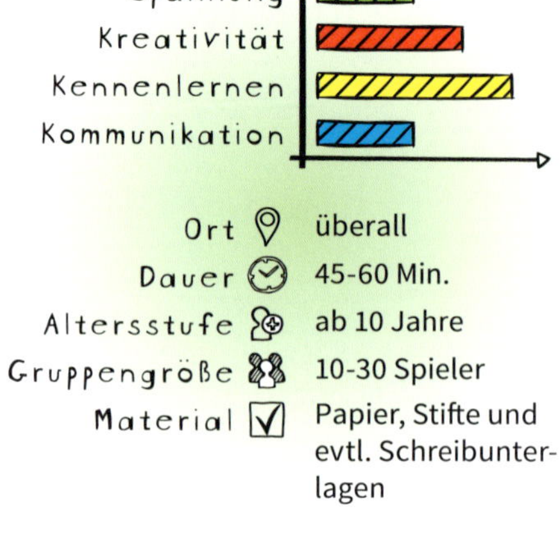

Anleitung

1. Jeder Teilnehmer fertigt sich auf einem DIN-A4-Blatt einen Steckbrief über sich selbst an, in den er 10 unterschiedliche Informationen über sich schreibt. Diese können sichtbare Beschreibungen, Eigenschaften, Familienverhältnisse, Hobbys, Fähigkeiten oder Erlebnisse sein. Wichtig ist, dass die Spieler die eindeutigsten dabei nach unten und die anderen nach oben schreiben.
2. Sammeln Sie alle fertigen Steckbriefe ein und teilen Sie sie in beliebiger Reihenfolge wieder aus.
3. Nacheinander liest nun jeder Spieler einen Steckbrief vor. Die Zuhörer versuchen zu erraten, wer der Beschriebene ist.
4. Wenn ein Spieler richtig geraten wurde, gibt er sich zu erkennen und darf den nächsten Brief verlesen.

Informationsquelle

Wirkung des Spiels

Das Spiel ist ein Kennenlernspiel mit einem ersten kooperativen Aspekt, das die Kommunikation und die Zusammenarbeit in der Gruppe fördert.

Spannung
Kommunikation
Kennenlernen
Kooperation

Ort	überall
Dauer	15-20 Min.
Altersstufe	ab 10 Jahre
Gruppengröße	8-30 Spieler
Material	Stifte und ein Blatt DIN-A3-Papier

Anleitung

1. Geben Sie der Gruppe ein Blatt Papier und eine Handvoll Stifte.
2. Innerhalb von 5 Minuten soll die Gruppe nun versuchen, so viele Informationen über alle Spieler herauszufinden und aufzuschreiben wie möglich.
3. Dabei ist es lediglich Voraussetzung, dass jeder Name erwähnt und zu jedem Spieler mindestens eine Information gesammelt wird. Alles andere bleibt der Gruppe selbst überlassen.
4. Nach fünf Minuten bekommt die Gruppe weitere 5 Minuten, um ihre Ergebnisse zu präsentieren.

Anmerkung

Es kann sein, dass bei diesem Spiel erste Gruppenstrukturen sichtbar werden. In diesem Fall sollten Sie das Spiel im Nachhinein kurz reflektieren und die Entwicklung der Gruppe gleich in eine positive Richtung lenken.

Persönliche Totem

Wirkung des Spiels

Mit diesem Spiel erhalten die Spieler die Möglichkeit, sich intensiv vorzustellen, um zugleich die anderen auf eine persönliche und kreative Art kennenzulernen.

Spannung
Aufmerksamkeit
Kennenlernen
Kreativität

Ort	überall
Dauer	45-60 Min.
Altersstufe	ab 10 Jahre
Gruppengröße	6-20 Spieler
Material	bunte Stifte und Papier in 4 verschiedenen Farben

Anleitung

1. Teilen Sie jedem Spieler vier Blätter Papier mit je einer anderen Farbe und verschiedenfarbige Stifte aus.
2. Geben Sie den Spielern nun 10 Minuten Zeit, um vier Bilder zu zeichnen (auf jedes Blatt eines): ein Tier, eine Pflanze, eine Wettererscheinung und eine Landschaft. Dabei versuchen die Teilnehmer sich jeweils Motive vorzustellen, die ihrer Meinung nach gerade am besten zu ihnen passen.
3. Nach Ablauf der Zeit rufen Sie die Gruppe wieder in einem Kreis zusammen. Anschließend stellt jeder der Reihe nach die eigenen Bilder vor, wobei er auch die Assoziationen beschreibt, die er hatte, als er sich die Symbole überlegte.
4. Nachdem jeder Teilnehmer an der Reihe war, sammeln Sie die einzelnen Zettel ein, sortieren sie nach Farben, mischen sie und teilen sie wieder aus.
5. Nun versuchen die Spieler, das Bild, das sie bekommen haben, dem Zeichner zuzuordnen und die entsprechenden Assoziationen wiederzugeben. Dabei können sie sich von anderen Spielern helfen lassen, wenn sie selbst nicht weiter kommen.
6. Wenn die Karte richtig zugeordnet wurde, wird sie an ihren Besitzer zurückgegeben.

Wappen der Eigenschaften

Wirkung des Spiels

Dies ist ein intensives Kennenlernspiel, das es den Spielern ermöglicht, sich auf kreative Weise intensiv kennenzulernen und dabei gleichzeitig ihre Wahrnehmung und das freie Sprechen vor Gruppen zu trainieren.

Wahrnehmung
Kennenlernen
Kreativität
frei sprechen

Ort	überall
Dauer	60-90 Min.
Altersstufe	ab 10 Jahre
Gruppengröße	10-25 Spieler
Material	bunte Stifte, Zeichenpapier (DIN-A4 oder -A3), Schreibunterlagen

Anleitung

1. Überreichen Sie jedem Spieler ein Blatt Papier und Stifte. Geben Sie ihnen dann eine Viertelstunde Zeit, um sich ein persönliches Wappen zu malen. Darauf können Symbole für Hobbys, Vorlieben, Interessen und ähnliches sein. Es dürfen aber auch persönliche Eigenschaften, Stärken, besondere Erfahrungen etc. abgebildet werden. Darunter mischt der Zeichner ein Symbol für eine Lüge, die er selbst über sich erfindet.
2. Nach Ablauf der 15 Minuten finden sich die Spieler paarweise zusammen und stellen sich gegenseitig ihre Wappen vor. Der Zuhörer soll dabei herausfinden, welches das erlogene Symbol ist.
3. In der letzten Phase kommen die Spieler wieder in der Großgruppe zusammen. Immer zwei Partner kommen dann nach vorne und präsentieren der Gruppe das Wappen des jeweils anderen. Auch hierbei versucht die Gruppe wieder herauszufinden, worin die Lüge besteht.
4. Nach der Präsentation hat der Zeichner des Wappens noch Gelegenheit, einige ihm wichtige Dinge zu korrigieren oder zu ergänzen.

Teil 3

Spiele zur Gruppenfindung

In diesem Teil ...

... lernen Sie verschiedene Methoden kennen, mit deren Hilfe Sie Ihre Gruppe in Kleingruppen aufteilen können. Dadurch sorgen Sie bei der Gruppen- und Mannschaftsfindung immer wieder für eine gute Durchmischung, sodass es nicht zu erstarrenden Cliquenbildungen kommt.

Für viele Spiele in diesem Buch und für fast alle Spiele, die in unserer Gesellschaft bekannt sind, werden Kleingruppen oder Mannschaften benötigt.

Wenn sich die Spieler kennengelernt und herausgefunden haben, wen sie besonders sympathisch finden und mit wem sie weniger anfangen können, neigen sie dazu, sich immer mit den gleichen Personen zu umgeben. Dadurch entstehen schnell feste Gruppenstrukturen, die sich zu Grenzen verhärten. Im schlimmsten Fall führt dies zu Rivalitäten und Feindschaften zwischen den Kleingruppen.

Aus diesem Grund ist es wichtig, immer wieder neue Gruppenkonstellationen zu schaffen, bei denen die Spieler gemischt werden. Dadurch kommen sich auch die Gruppenkameraden näher, die sich zuvor noch kaum kannten, und jeder erhält die Chance, jeden mit seinen Stärken und Schwächen kennenzulernen.

Die wahrscheinlich bekannteste Methode der Gruppeneinteilung ist das Wählen. Zwei Spieler beginnen und suchen sich selbst die Mannschaften zusammen, die ihnen am besten gefallen. Für die Spieler, die als Letztes übrig bleiben, hat diese Methode allerdings nicht selten traumatische Folgen, die sie oft ihr ganzes Leben nicht mehr loswerden. Denn es gibt kaum eine deutlichere Art, ihnen zu zeigen, dass sie hier weder gewünscht noch gewollt werden. Dieses Auswahlverfahren bietet also viel Potenzial, andere Gruppenmitglieder bloßzustellen. Öffentlich vor allen als derjenige dazustehen, den man für den Schlechtesten hält, ist bereits hart für den Betroffenen. Doch in den meisten Fällen geht es den Spielern nicht um eine fachliche Einschätzung des Könnens, sondern mehr um einen Ausdruck von Sympathie und Antipathie sowie von Vorurteilen oder ähnlichem. Wählen sollte als Gruppeneinteilungsverfahren also nur dann genutzt werden, wenn alle Gruppenmitglieder gefestigt sind und die Gruppe insgesamt harmonisch und freundschaftlich miteinander umgeht. Oder aber, wenn gerade ganz bewusst die Spannungen aufgezeigt werden sollen und es darum geht, die schlechte Stellung einzelner Personen in der Gruppe zu reflektieren. Dann aber muss man sich sicher sein, dass man die Situation auch auffangen und mit den evtl. sehr starken Emotionen umgehen kann.

Wir haben daher im folgenden Kapitel eine Reihe von alternativen Methoden ausgewählt, mit denen Sie immer neue Mannschaften und Kleingruppen zusammenstellen können, ohne dass sich dadurch jemand verletzt oder benachteiligt fühlt. Dadurch, dass das Spiel entscheidet, gibt es keinen Sündenbock für Gruppen, die in den Augen der Spieler nicht ideal oder gerecht sind. Es ist ganz einfach Glück oder Schicksal und kann aus diesem Grund sehr leicht angenommen und akzeptiert werden. Der spielerische, kreative Charakter nimmt dem Ergebnis dabei die Wichtigkeit, sodass es den Spielern leichter fällt, sich auf die neue Gruppenkonstellation einzulassen, auch wenn ihre besten Freunde vielleicht nicht dabei sind.

Die Macht der Gewohnheit

Spannung
Kommunikation
Wahrnehmung
Spontanität

Ort		überall
Dauer		2-5 Min.
Altersstufe		ab 8 Jahre
Gruppengröße		10-30 Spieler
Material		keines

Wirkung des Spiels

Diese kurze Aktion ist gut geeignet, um eine Gruppe auf originelle Weise in Kleingruppen einzuteilen, ohne dabei viel Zeit aufzuwenden.

Anleitung

1. Geben Sie der Gruppe eine der folgenden Anweisungen:
    1. Stellt euch auf ein Bein.
    2. Verschränkt eure Arme vor der Brust.
    3. Legt euch eine Hand auf den Kopf.
    4. Schließt ein Auge.
2. Wenn bei der Ausführung dieser Kommandos nicht nachgedacht wird, nimmt etwa die Hälfte der Menschen dafür das rechte, die andere Hälfte das linke Bein bzw. den entsprechenden Arm oder das Auge. (Beim Armeverschränken kommt es dann auf den oben liegenden Arm an.)
3. Alle, die nun die linke Seite genommen haben, gehen in eine Gruppe, die Übrigen in die andere. In sehr vielen Fällen kommt es dabei genau zu einer Teilung der Gruppe in der Hälfte. Falls es nicht ganz aufgehen sollte, können Sie ausgehend von dem Spiel, für das die Gruppeneinteilung gemacht wird, noch einen Ausgleich anleiten, der die Gruppenstärke gerecht verteilt.

Schuhsalat

Wirkung des Spiels

Dies ist eine kurze und witzige Aktion, um eine Großgruppe in beliebig viele Kleingruppen einzuteilen.

Spannung
Kreativität
Komunikation
Spaß

Ort	überall im Indoor-Bereich oder bei Sonne auf trockenen Wiesen oder Plätzen
Dauer	2-5 Min.
Altersstufe	ab 8 Jahre
Gruppengröße	10-30 Spieler
Material	keines

Anleitung

1. Bitten Sie jeden Spieler darum, einen seiner Schuhe auszuziehen und diesen in die Mitte auf einen Haufen zu werfen.
2. Nun hocken Sie sich mit geschlossenen Augen neben den Schuhberg und ziehen nacheinander einzelne Schuhe heraus, die Sie dann auf kleinere Haufen aufteilen (die Anzahl der Haufen entspricht der Anzahl der zu bildenden Kleingruppen).
3. Wenn alle Schuhe verteilt wurden, sucht jeder Spieler seinen passenden Schuh und stellt sich zu den Mitspielern, die ihre Schuhe im gleichen Haufen gefunden haben.

Variante

Anstatt des Spielleiters kann auch ein Spieler mit einer Augenbinde das Einteilen der Schuhe übernehmen.

Gemeinsamkeiten und Unterschiede

Wirkung des Spiels

Diese Methode zur Gruppeneinteilung bietet sich vor allem bei neu gebildeten Gruppen an, da es den Spielern die Möglichkeit gibt, sich näher kennenzulernen.

Spannung
Spaß
Kennenlernen
Kreativität

Ort	überall
Dauer	5-10 Min.
Altersstufe	ab 8 Jahre
Gruppengröße	8-30 Spieler
Material	keines

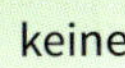

Anleitung

1. Die Spieler bewegen sich frei durch den Raum.
2. Nach einiger Zeit rufen Sie verschiedene Themen in die Gruppe und dazu entweder »Gemeinsamkeiten« oder »Unterschiede«. Die Themen können dabei entweder äußerliche Merkmale wie Sockenfarbe, Haarlänge, Augenfarbe etc. oder auch Interessen und Vorlieben wie Lieblingsessen, Sportart, Lieblingsfilm o.ä. sein.
3. Entsprechend dem Kommando suchen sich die Spieler nun Partner, mit denen sie im genannten Thema entweder am stärksten übereinstimmen oder von denen sie sich am meisten unterscheiden.

Atommodelle

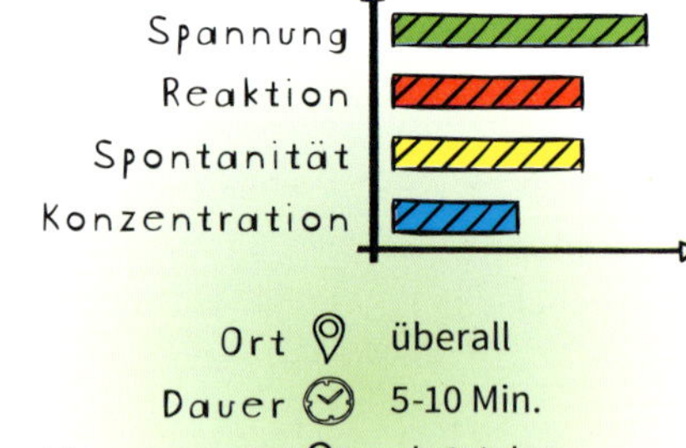

Wirkung des Spiels

Dieses Spiel ist gut geeignet, um die Spieler immer wieder spontan in neue Kleingruppen einzuteilen. Auf diese Weise kann verhindert werden, dass eine feste Grüppchenbildung entsteht, die für die Dynamik der Gesamtgruppe unvorteilhaft ist.

Anleitung

1. Die Spieler laufen frei durch den Raum.
2. Unvermittelt rufen Sie *»Atommodell«* und danach eine beliebige Zahl.
3. Daraufhin müssen sich die Spieler so schnell wie möglich mit den Personen in ihrer nächsten Umgebung zusammentun und eine Gruppe in genau der genannten Größe bilden. (Wenn Zahlen genannt werden, bei denen die Gruppengröße nicht genau aufgeht, können sie teilweise auch um eine Person größer oder kleiner sein.)
4. Nachdem Sie ein paar Modelle haben bilden und wieder auflösen lassen, rufen Sie die Zahl der Gruppengröße, die für das nachfolgende Spiel gebraucht wird. Lassen Sie die Gruppen, die sich nun bilden, einfach so wie sie sind, und starten Sie damit das neue Spiel.

Anmerkung

Wenn die Spieler das Spiel durchschaut haben, kann es sein, dass sie versuchen, es so zu beeinflussen, dass sie doch wieder ihre Lieblingsgruppen bilden, indem sie beispielsweise immer in der Nähe ihrer Freunde laufen. In diesem Fall können Sie das Spiel etwas abwandeln und die Spieler beispielsweise blind laufen lassen oder die Aufgabe stellen, dass jeder immer nur in geraden Linien laufen darf.

Kreative Lose

Wirkung des Spiels

Die Gruppenfindung per Los zu entscheiden, wird in der Regel grundsätzlich als eine faire Methode angesehen und akzeptiert. Der Vorteil beim Losen ist der, dass es niemanden gibt, den man für die Gruppenkonstellation verantwortlich machen kann. Wird das Losen dabei noch in einen spielerischen, kreativen Kontext gebracht, trägt es zusätzlich dazu bei, die Stimmung innerhalb der Gruppe aufzulockern.

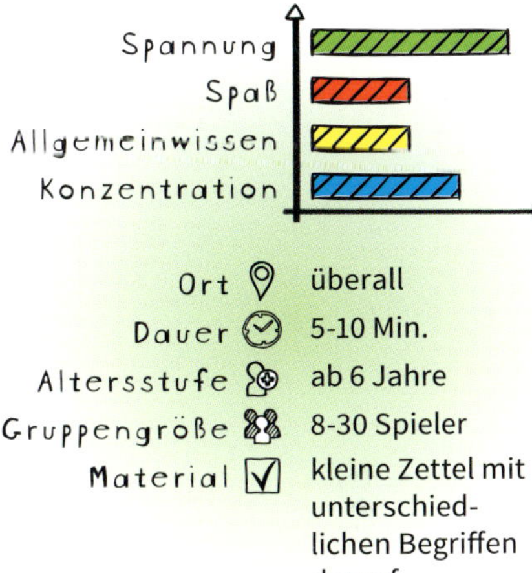

Ort: überall
Dauer: 5-10 Min.
Altersstufe: ab 6 Jahre
Gruppengröße: 8-30 Spieler
Material: kleine Zettel mit unterschiedlichen Begriffen darauf

Anleitung

Bereiten Sie kleine Loszettel vor, auf denen unterschiedliche Begriffe stehen, nach denen sich die Spieler dann sortieren müssen:

1. Familie Mayer: Auf den Zetteln steht immer der Name Familie Mayer, aber in allen denkbaren Schreibweisen (Mayer, Maier, Meier, Meyer). Die Spieler sollen sich nun in ihren Familien zusammensuchen.
2. Städte- oder Ländernamen: Auf den Zetteln stehen die Namen von Städten. Die Spieler müssen sich dann nach den Ländern sortieren, in denen sich diese Städte befinden. Alternativ können auch Ländernamen und Kontinente gewählt werden.
3. Farben: Auf den Zettel stehen unterschiedliche Farben, die auch in unterschiedlichen Farben geschrieben wurden. Die Spieler müssen sich nun nach der Farbe sortieren, die die Schrift hat, nicht nach dem geschriebenen Wort.
4. Etc. ... Ihrer Kreativität sind hier keine Grenzen gesetzt.

Gruppenpuzzlen

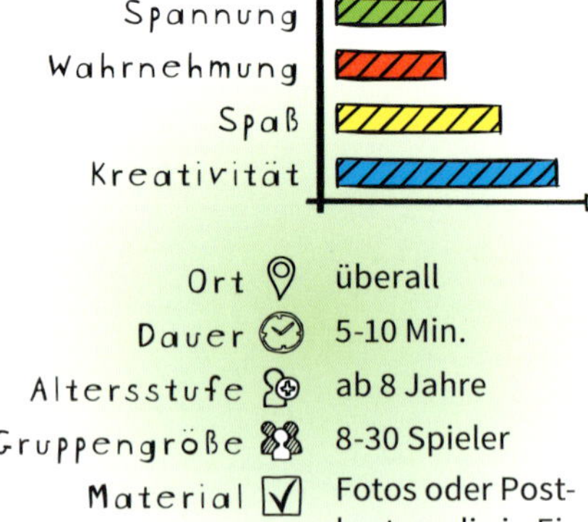

Ort	überall
Dauer	5-10 Min.
Altersstufe	ab 8 Jahre
Gruppengröße	8-30 Spieler
Material	Fotos oder Postkarten, die in Einzelteile zerschnitten wurden

Wirkung des Spiels

Dies ist ein schnelles Spiel zur Gruppeneinteilung, bei dem die Spieler selbst kreativ werden können.

Anleitung

1. Verteilen Sie Einzelteile von Postkarten oder Fotos an die Spieler.
2. Diese müssen sie nun wieder zu ganzen Bildern zusammensetzen.
3. Die Spieler, deren Puzzleteile zusammen ein Bild ergeben, sind dann in einer Gruppe.

Steigerungsformen

Um die Übung noch etwas spannender zu machen, kann sie auch stumm oder blind durchgeführt werden. In der letzten Variante ist es sinnvoll, eine dicke Pappe zu verwenden, die gut ertastet werden kann.

Partnerrufe

Wirkung des Spiels

Bei diesem Spiel dürfen die Spieler einmal wirklich laut sein, was vor allem unruhigen Gruppen hilft, sich anschließend auf ruhigere Spiele einzulassen. Gleichzeitig wird durch das Ausschalten des Sehsinnes die Wahrnehmung geschult. Es eignet sich vor allem, um die Gruppe in Zweier- oder Dreierteams einzuteilen.

Ort	überall
Dauer	5-10 Min.
Altersstufe	ab 9 Jahre
Gruppengröße	10-30 Spieler
Material	Augenbinden, Zettel, Stift

Anleitung

1. Bereiten Sie Kärtchen vor, auf denen verschiedene Begriffe stehen.
2. Alle Spieler ziehen verdeckt ein Kärtchen und bekommen dann Augenbinden.
3. Nun laufen sie frei im Raum umher (wobei sie ihre Hände schützend nach vorne nehmen, um Zusammenstöße zu vermeiden) und rufen möglichst laut immer wieder das Wort, das auf ihrer Karte steht.
4. Dabei versuchen sie, die anderen Spieler zu treffen, die das gleiche Wort rufen.
5. Teams, die sich gefunden haben, können ihre Augenbinden abnehmen und sich an die Seite begeben.

Varianten

- Die Spieler bekommen keine Wörter, sondern Tierlaute, die sie imitieren müssen, um ihren Partner zu finden.
- Die Spieler bekommen jeweils eine Hälfte eines Doppelwortes.

Geheime Zahlen

Spannung
Wahrnehmung
Kommunikation
Konzentration

Wirkung des Spiels

Dieses Spiel schult die Kommunikationsfähigkeit der Spieler und eignet sich zudem, um sie auf kreative Art in Kleingruppen einzuteilen.

Ort	überall
Dauer	5-10 Min.
Altersstufe	ab 9 Jahre
Gruppengröße	6-30 Spieler
Material	Zettel oder Kärtchen, Stifte

Anleitung

1. Erstellen Sie Kärtchen mit Zahlen darauf und teilen Sie diese verdeckt an die Spieler aus. Die Zahlen entsprechen dabei der Anzahl und Größe der Kleingruppen, die gebildet werden sollen. Für 5 Kleingruppen à 6 Personen werden also die Zahlen 1–5 je 6 x auf die Karten geschrieben.
2. Nun müssen die Spieler herausfinden, wer die gleichen Zahlen hat wie sie selbst. Dabei dürfen sie aber weder sprechen, noch schreiben, noch die Zahl mit den Fingern zeigen.
3. Wenn sich eine Gruppe gefunden hat, stellt sie sich deutlich erkennbar zusammen.

Variante

Um den Spielern die Aufgabe etwas zu erleichtern, kann die Form der Begegnung vorgegeben werden: Beispielsweise winken, Hände schütteln, auf die Schulter klopfen o.ä. Dadurch können sehr schnell einheitliche und für alle verständliche Methoden gefunden werden, mit denen sie ihre Zahlen mitteilen.

Sinnes-Memory

Spanung
Kommunikation
Konzentration
Wahrnehmung

Ort: überall
Dauer: 5-10 Min.
Altersstufe: ab 7 Jahre
Gruppengröße: 6-30 Spieler
Material: je nach Variante ein Beutel mit Gegenständen, die gut erfühlt werden können, oder kleine, undurchsichtige Dosen, gefüllt mit verschiedenen Materialien, die entweder markante Geräusche von sich geben, wenn man sie schüttelt, oder die einen typischen Geruch haben; evtl. Augenbinden

Wirkung des Spiels

Das Sinnes-Memory ist ein einfaches Wahrnehmungsspiel, mit dem eine Gruppe zudem in Kleingruppen eingeteilt werden kann.

Anleitung

Die Spieler ziehen je nach Variante unterschiedliche Gegenstände und müssen diese mit denen der anderen vergleichen. Die Spieler, die identische Gegenstände haben, finden sich in einer Kleingruppe zusammen.

Varianten

1. **Geräusch-Memory** | Die Spieler bekommen identisch aussehende Dosen, die mit unterschiedlichen Materialien gefüllt sind, und müssen anhand des Geräuschs, das diese beim Schütteln verursachen, erkennen, welche Mitspieler den gleichen Doseninhalt haben wie sie selbst.
2. **Riech-Memory** | In den Dosen befinden sich entweder Gegenstände mit einem markanten Geruch (dann sollten die Dosen mit einem Tuch abgedeckt sein) oder Watte, die mit Duftstoffen getränkt wurde.
3. **Fühl-Memory** | Hierbei bekommen die Spieler die Augen verbunden und ziehen je einen Gegenstand, den sie genau befühlen. Anschließend müssen sie sich blind zu den anderen Spielern tasten und die Gegenstände vergleichen.

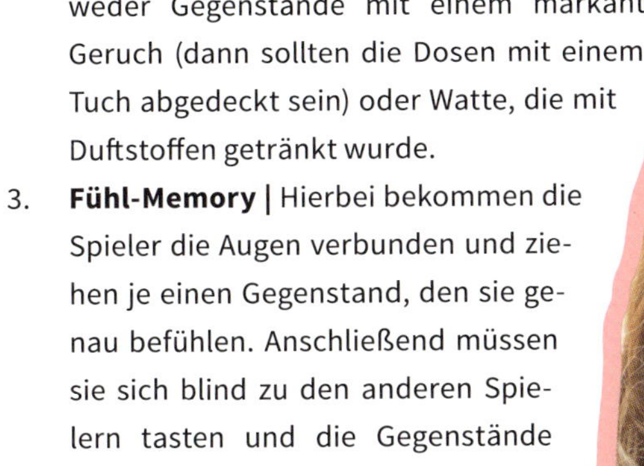

Schicksalsfäden

Gleichgewicht	
Koordination	
Kommunikation	
Kooperation	

Wirkung des Spiels

Dieses Spiel enthält bereits einige kooperative Aspekte und eignet sich gut, um die Gruppe in Zweierteams einzuteilen.

Ort	überall
Dauer	5-10 Min.
Altersstufe	ab 9 Jahre
Gruppengröße	10-30 Spieler
Material	pro zwei Spieler eine etwa 1 m lange Schnur, evtl. Augenbinden

Anleitung

1. Die Gruppe steht im Kreis.
2. Sie befinden sich in der Mitte und halten genau so viele Schnüre in einer Hand, dass sich jeder Spieler ein Ende greifen kann.
3. Wenn alle Schnur-Enden verteilt sind, lassen Sie die Schnüre los und gehen zurück. Die Spieler müssen nun versuchen, ihren Partner zu finden und sich zusammen mit ihm aus dem Schnur-Wirrwarr zu befreien, ohne dabei die Seilenden loszulassen.
4. Wenn alle Paare entknotet nebeneinander stehen, ist das Spiel beendet.

Steigerungsform

Um die Herausforderung etwas größer werden zu lassen, können die Spieler mittels Augenbinden blind gemacht werden.

Teil 4
Aufwärmspiele

In diesem Teil ...

... lernen Sie eine Reihe von Spielen kennen, mit denen Sie Ihr übriges Programm immer wieder auflockern können. Sie eignen sich als Einstieg nach einer Pause ebenso wie zur Konzentrationssteigerung zwischen zwei komplexen Blöcken oder als Ausklang vor dem Ende Ihres Programms.

Aufwärmspiele sind kleine, actionreiche Spiele zum Einstieg oder zur Auflockerung. Um zwischendurch die Atmosphäre aufzuhellen, sollten Sie gezielt Aufwärmspiele einsetzen. Gerade wenn sich die Gruppe bei der Lösung von Kooperationsaufgaben für längere Zeit stark konzentrieren musste, kann ein schnelles, lockeres Spiel im Anschluss wie eine Erlösung wirken. Durch eine geschickte Mischung aus anspruchsvollen und auflockernden Spielen wechseln die Spieler immer wieder zwischen Spiel- und Lernzone hin und her.

Bei sehr unruhigen oder aktiven Gruppen helfen die Aufwärmspiele dabei, die Spieler langsam an die schwierigeren Aufgaben heranzuführen. Einer der Gründe für die stetig steigende Zahl der hyperaktiven Kinder ist der Mangel an Gelegenheiten, um ihren natürlichen Bewegungsdrang auszuleben. Erwachsene, die sich in der Regel selbst zwingen, still sitzen zu bleiben, spüren den gleichen Effekt auf andere Weise. Bei ihnen wirkt es sich eher in Form einer permanenten Rastlosigkeit aus, die zum Beispiel Schlaflosigkeit, Nervosität, Augenzucken, ständiges Blinzeln oder ein permanentes Stressgefühl verursacht. Auch für Erwachsene ist es daher extrem wichtig, sich zwischendurch einmal zu bewegen und ordentlich auszupowern.

Wer gerade voller Energie ist und nichts lieber tun möchte, als laut zu rufen und herumzutollen, dem wird es schwerfallen, sich auf eine ruhige Aufgabe zu konzentrieren. Bekommt er hingegen die Möglichkeit, seinem Impuls nachzugehen, kann er sich anschließend auch auf die Konzentrationsarbeit einlassen. Aufwärmspiele können somit auch als Teil des regulären Unterrichts in der Schule, bei Seminaren oder Fortbildungen eine erstaunlich positive Wirkung auf die Lernbereitschaft erzielen.

Das Offensichtlichste an Aufwärmspielen ist zunächst der sportliche Aspekt. Neben der geringen Konzentrationsfähigkeit leiden heute viele Kinder und noch mehr Erwachsene an Übergewicht, fehlender Kondition und mangelndem Körperbewusstsein. Dem kann durch regelmäßiges Spielen der hier erklärten Aktionen entgegengewirkt werden.

Ein weiterer Aspekt der Aufwärmspiele ist der Wettbewerbscharakter. Wettkämpfe, bei denen sich die Spieler miteinander messen können, sind für ihre Entwicklung genauso wichtig wie kooperative Spiele, bei denen alle an einem Strang ziehen. Durch einen Wettkampf lernen sie, sich selbst einzuschätzen und ihre Stärken und Schwächen zu erkennen. Sie bekommen dabei ihre eigene Leistung und deren Entwicklung unmittelbar gespiegelt. Eine ebenso wichtige Fähigkeit, die vermittelt wird, ist der konstruktive Umgang mit Niederlagen und Rückschlägen.

Um eine ausgewogene Entwicklung zu fördern, ist es wichtig, dass die Mischung der unterschiedlichen Spieltypen eingehalten wird. Nur Spiele mit Wettbewerbscharakter führen schnell zu einem Konkurrenzdenken, das die Gruppengemeinschaft leicht zerstören kann. Nur Kooperationsspiele führen dazu, das der Einzelne seine persönlichen Talente nicht mehr frei entfalten kann und sich nur noch als Teil der Gruppe wahrnimmt.

Riesen Schnick-Schnack-Schnuck

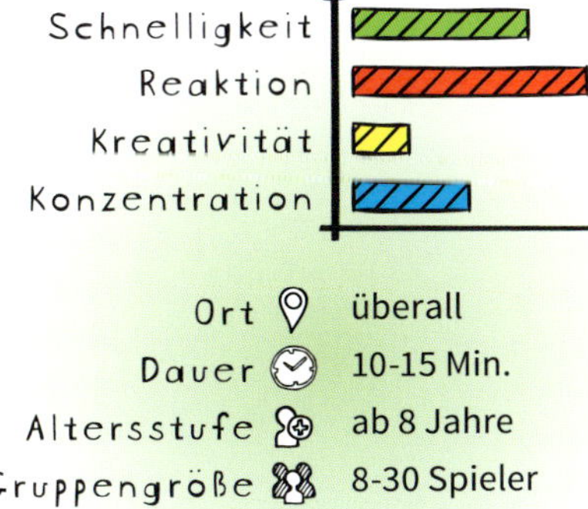

Ort: überall
Dauer: 10-15 Min.
Altersstufe: ab 8 Jahre
Gruppengröße: 8-30 Spieler
Material: zwei Seile oder ähnliches zur Markierung der Ziellinien

Wirkung des Spiels

Dies ist ein Spiel, mit dem Sie die Teilnehmer sehr gut wachrütteln und gleichzeitig eine lustige und ausgelassene Atmosphäre schaffen können. Es eignet sich jedoch nicht für kleine Seminarräume.

Anleitung

1. Legen Sie zwei Seile parallel zueinander mit einem Abstand von etwa 8 bis 15 m aus und teilen Sie die Gruppe in zwei Teams ein, die sich jeweils an einem Seil positionieren.

2. Jede Gruppe entschließt sich für eine der drei folgenden Figuren, die sie pantomimisch Darstellen wollen:
   - **Ritter** | grimmiger Blick, sicherer Stand und ein imaginäres Schwert in beiden Händen, mit dem er in Angriffsstellung geht.
   - **Drache** | Hände wie Klauen vor den Körper gehoben, gedrungene Körperhaltung und lautes Fauchen.
   - **Prinzessin** | verliebter Blick, Kopf nach oben geneigt, Hände in einer feinen, höfischen Haltung.
3. Wie beim Schnick-Schnack-Schnuck schlägt jede Figur eine der anderen beiden: Der Ritter besiegt den Drachen, der Drache entführt die Prinzessin und die Prinzessin betört den Ritter.
4. Nachdem sich die Mannschaften entschieden haben, stellen sie sich in der Mitte des Feldes direkt gegenüber und präsentieren auf Ihr Kommando hin ihre Figuren.
5. Die Mannschaft, die die stärkere Figur gewählt hat, versucht dann die Spieler der anderen Mannschaft zu fangen, bevor diese ihre eigene Linie überqueren konnten.
6. Alle gefangenen Spieler wechseln zur anderen Mannschaft hinüber.

Achtung

Je nachdem wie locker Ihre Gruppe bereits ist, kann es bei diesem Spiel passieren, dass es recht unterschiedlich aufgenommen wird. Schätzen Sie Ihre Gruppe deswegen gut ein, ob sie schon bereit ist, sich von einem pantomimischen Spiel begeistern zu lassen. Mit der richtigen Gruppe ist dieses Spiel ausgezeichnet, mit der falschen kann es jedoch auch zu diesen stillen, peinlichen Momenten führen, die man als Gruppenleiter generell lieber vermeiden möchte. (Eher für Kinder und Jugendliche geeignet.)

Stift-Wette

Wirkung des Spiels

Bei diesem Spiel geht es um Schnelligkeit, Reaktion und Strategie. Es ist ein kurzes Spiel für zwischendurch, das die Spieler zu neuen Gedanken anregt.

Ort	überall
Dauer	5-10 Min.
Altersstufe	ab 9 Jahre
Gruppengröße	5-30 Spieler
Material	ein Kugelschreiber oder ein anderer Stift

Anleitung

1. Die Gruppe steht im Kreis.
2. Sie geben einen Stift in die Gruppe. Dieser Stift muss nun so schnell wie möglich durch alle Hände gegeben werden. Jeder Teilnehmer muss ihn also einmal in seiner linken und einmal in seiner rechten Hand gehalten haben.
3. Sie stoppen dabei die Zeit.
4. Anschließend haben die Teilnehmer die Möglichkeit, ihre Zeit immer und immer wieder zu verbessern. Ermuntern Sie die Gruppe dabei, sich neue Strategien auszudenken. Die Kreisform dürfen sie dabei gerne auflösen.

Lösungsansätze

Es gibt mehrere Lösungen, mit denen die Teilnehmer immer mehr Zeit einsparen können. Diese sollten Sie ihnen natürlich nicht verraten, aber es ist gut, als Spielleiter einige davon zu kennen:

- **Rollen lassen |** Die Teilnehmer stehen in einer Linie und lassen den Stift von einer Hand in die nächste rollen.
- **Rohrleitung |** Die Teilnehmer formen mit Ihren Händen ein senkrechtes Rohr und lassen den Stift darin von oben nach unten herunterrutschen.

Katz und Maus

Spannung
Fitness
Schnelligkeit
Spaß

Ort	überall
Dauer	10-15 Min.
Altersstufe	ab 8 Jahre
Gruppengröße	10-30 Spieler
Material	keines

Wirkung des Spiels

Katz und Maus ist ein fröhliches Aufwärmspiel, bei dem es neben Schnelligkeit und Bewegung auch um eine raffinierte Taktik der Spieler geht.

Anleitung

1. Die Gruppe steht im Kreis, die Spieler immer so weit voneinander entfernt, dass sie sich mit ausgestreckten Armen an den Händen halten können.
2. Zwei freiwillige Spieler werden nun zu Katze und Maus, wobei die Maus im Inneren des Kreises startet und die Katze außerhalb.
3. Jedes Mal, wenn die Maus zwischen zwei Spielern hindurchläuft, verschließt sie damit diese Öffnung und die Spieler fassen sich an den Händen. Auf diese Weise kann die Maus durch geschicktes hin und herwechseln immer mehr Hindernisse zwischen sich und die Katze bringen und sie schließlich komplett ein oder ausschließen. Wenn ihr das gelingt, gewinnt die Maus das Spiel.
4. Die Katze gewinnt, wenn es ihr gelingt die Maus zu fangen.
5. Anschließend können Sie eine weitere Runde mit neuen Mäusen und Katzen spielen.

Hennen rennen, Küken gucken plus Fuchs

Wirkung des Spiels

Es ist ein fröhliches, stimmungssteigerndes Aufwärmspiel.

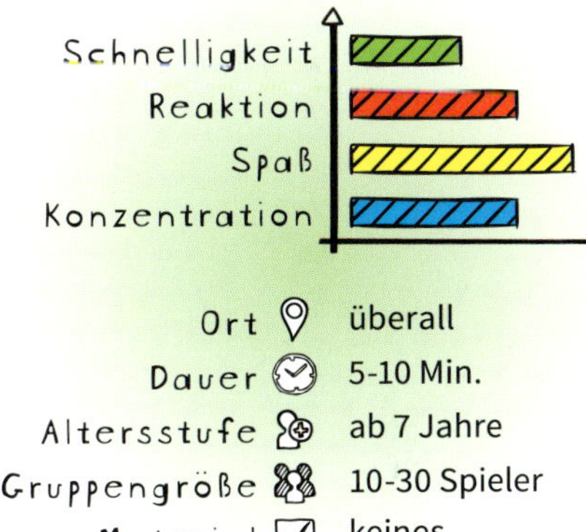

Anleitung

1. Jeder Spieler sucht sich einen Partner, wobei einer einzeln bleiben muss (bei einer geraden Spielerzahl kann der Spielleiter mitspielen).
2. Die Spieler entscheiden selbst, wer von den Zweierteams die Henne und wer das Küken ist. Der einzelne Spieler ist der Fuchs.
3. Alle bilden nun einen Kreis, wobei die Hennen innen stehen, die Küken außen und der Fuchs in der Mitte.
4. Der Fuchs muss nun versuchen, ein Küken zu fangen, indem er es antickt.
5. Die Hennen müssen ihre Küken beschützen, indem sie sich vor diesen aufplustern und sich dem Fuchs laut gackernd in den Weg stellen.
6. Die Küken dürfen sich dabei nicht von der Stelle bewegen, sondern nur hinter den Hennen ducken.
7. Gelingt es einem Fuchs, an der Henne vorbei das Küken zu berühren, werden die Rollen folgendermaßen getauscht: Der Fuchs wird zum Küken, das Küken zur Henne, die Henne zum Fuchs.

Steigerungsformen

Um das Spiel actionreicher zu machen, können nach einiger Zeit mehrere Füchse bestimmt werden.

Vampirfangen

Wirkung des Spiels

Das Vampirfangen lebt vor allem von den spontanen Wechseln zwischen Fänger und Gejagtem, der zu Verwirrung und dadurch zu sehr viel Spaß unter den Spielern führt. So schafft das Spiel eine heitere Atmosphäre, auf die sich gut weitere Spiele oder andere Seminarinhalte aufbauen lassen.

Fitness
Reaktion
Kreativität
Konzentration

Ort	überall
Dauer	10-15 Min.
Altersstufe	ab 8 Jahre
Gruppengröße	10-30 Spieler
Material	keines

Anleitung

1. Die Teilnehmer finden sich immer zu zweit zusammen und stellen sich nebeneinander, um so eine Burg zu bilden.
2. Ein Pärchen wird aufgeteilt in Vampir und Burgfräulein.
3. Der Vampir versucht nun, das Burgfräulein zu fangen. Dabei können beide Laute und Gesten machen, die sie als typisch für ihre Rollen ansehen.
4. Gelingt es dem Vampir, das Burgfräulein zu fangen, tauschen die beiden ihre Rollen.
5. Das Burgfräulein kann sich aber auf eine Burg retten, indem sie sich direkt neben eine Zweiergruppe stellt. Dadurch löst sie folgende Kettenreaktion aus:
   - Sie selbst wird zur Burg.
   - Der Spieler der Burg, der weiter von ihr entfernt steht, wird zum Vampir.
   - Der Vampir wird zum Burgfräulein.
6. Nach einiger Zeit können weitere Vampire und Burgfräuleins hinzugewählt werden, wobei jeder Vampir immer nur die zu ihm passende Dame fangen darf, nicht aber die anderen.

Steigerungsformen

Anstatt nebeneinander zu stehen, können sich die Burgen auch setzen oder legen. Dadurch kommt noch etwas mehr Schwung ins Spiel, weil die Spieler bei jedem Wechsel aufspringen und sich hinschmeißen müssen. (Dies ist vor allem für sportliche Gruppen interessant, bei denen die Teilnehmer keine Rücken- oder Gelenkprobleme haben.)

Lappenschnappen

Aufmerksamkeit	
Reaktion	
Teamgeist	
Konzentration	

Ort	überall
Dauer	10-15 Min.
Altersstufe	ab 8 Jahre
Gruppengröße	8-30 Spieler
Material	zwei Seile oder ähnliches zur Markierung der Ziellinien, ein Tuch oder einen Lappen

Wirkung des Spiels

Dieses Aufwärmspiel fördert vor allem die Reaktion und die Aufmerksamkeit der Spieler.

Anleitung

1. Der Spielleiter legt zwei Seile parallel zueinander mit einem Abstand von etwa 15-20 m aus.
2. Die Gruppe wird in zwei Mannschaften aufgeteilt, die sich jeweils nebeneinander hinter einem Seil aufstellen. Die einzelnen Spieler jeder Mannschaft erhalten dabei Nummern.
3. In der Mitte zwischen beiden Mannschaften liegt der Lappen.
4. Der Spielleiter ruft nun einzelne Nummern auf. Diese laufen in die Mitte und haben die Chance, einen Punkt für ihre Mannschaft zu holen. Dabei gibt es folgende Möglichkeiten einen Punkt zu ergattern:
   - Der Spieler schafft es, den Lappen hinter die Linie seiner Mannschaft zu bringen, ohne von dem gegnerischen Spieler erwischt zu werden.
   - Der Spieler schlägt den Gegner ab, während dieser den Lappen berührt. Dadurch wird die Runde sofort beendet und er erhält den Punkt. Der Spieler der den Lappen hat, kann diesen allerdings auch jederzeit wieder loslassen (nicht aber werfen) und kann damit nicht mehr getickt werden. In diesem Fall haben wieder beide Spieler die Möglichkeit, den Lappen aufzuheben und einen neuen Versuch zu starten.
5. Die Mannschaft, die zuerst 10 Punkte erreicht, gewinnt das Spiel.

Varianten

Anstatt einzelner Zahlen kann der Spielleiter auch mehrere Zahlen gleichzeitig aufrufen oder diese in Rätsel oder Rechenaufgaben verpacken.

Kotzendes Känguru

Spaß
Hilfsbereitsch.
Kreativität
Fitness

Ort		überall
Dauer		10-15 Min.
Altersstufe		ab 8 Jahre
Gruppengröße		8-30 Spieler
Material		keines

Wirkung des Spiels

Das kotzende Känguru ist ein witziges Aufwärmspiel, das sich perfekt dazu eignet, eine positive und fröhliche Stimmung zu erzeugen.

Anleitung

1. Die Gruppe steht im Kreis, ein Freiwilliger begibt sich in dessen Mitte.
2. Dieser darf nun nacheinander in einem beliebigen Tempo auf unterschiedliche Mitspieler zeigen und jeweils eines der unten folgenden Kommandos rufen.
3. Der Spieler, auf den gezeigt wurde, sowie seine beiden Stehnachbarn müssen augenblicklich und fehlerfrei das Kommando ausführen. Dabei gibt es folgende Auswahlmöglichkeiten:
   - **Kotzendes Känguru |** Der Spieler auf den gezeigt wurde, nimmt die Arme vor dem Bauch in einem Halbkreis zusammen und stellt damit den Beutel eines Kängurus dar. Die Spieler links und rechts von ihm kotzen pantomimisch in den Beutel.
   - **Waschmaschine |** Der ausgewählte Spieler beugt sich vor und lässt als Wäschetrommel seinen Kopf kreisen. Seine beiden Nachbarn bilden die Tür in Form eines Kreises mit ihren Händen.
   - **Mixer |** Der Auserwählte steht kerzengerade und hält seine Arme zu beiden Seiten so neben seinen Kopf, dass sie zwei nach unten offene Halbkreise bilden. Seine Nebenspieler stellen sich unter seine Hände und drehen sich im Kreis.
   - **James Bond |** Der Erwählte posiert mit einer imaginären Pistole in den Händen, während sich seine Nachbarn an seine Seite stellen, ihn verliebt ansehen und sagen: »Uhhh, James!«

- **Toaster** | Der angezeigte Spieler springt auf und ab, während sich seine Nachbarn rechts und links von ihm aufstellen und sich an den Händen nehmen, sodass er als Toast von einem Toaster umrahmt ist.
- **Straßenlaterne** | Der Erwählte nimmt die Arme über dem Kopf zusammen und beugt sich leicht nach vorne. Seine Nachbarn heben dann als Hunde an seiner Seite die Beinchen.

4. Wenn einer der drei Spieler einen Fehler macht oder zu lange braucht, muss er in die Mitte und seinen Vorgänger ablösen.

Anmerkung

Um zu Beginn das Spiel weniger verwirrend zu machen und um sich die Möglichkeit einer Steigerung zu erhalten, können Sie zunächst weniger Kommandos einführen. Natürlich können Sie außer den hier aufgeführten Figuren auch weitere erfinden.

Känguru-Fangen

Wirkung des Spiels

Das Känguru-Fangen ist ein witziges Aufwärmspiel, das sich perfekt dazu eignet eine positive und fröhliche Stimmung zu erzeugen. Es ist eine actionreichere Abwandlung des zuvor beschriebenen Spiels »Kotzendes Känguru«.

Ort	in einer Sporthalle oder auf einem größeren ebenen Platz
Dauer	10-15 Min.
Altersstufe	ab 8 Jahre
Gruppengröße	8-30 Spieler
Material	Seile oder ähnliches zur Spielfeldmarkierung

Anleitung

1. Stecken Sie ein Spielfeld ab, das nicht allzu groß sein sollte, und wählen Sie zwei bis vier Fänger aus.
2. Die Fänger versuchen, die anderen Spieler abzuschlagen, und rufen ihnen dabei eines von sechs der Kommandos zu, die bereits aus dem Spiel »Kotzendes Känguru« bekannt sind.
3. Die gefangenen Spieler bleiben stehen und machen je nach Kommando die passende Bewegung – so lange, bis sie von zwei anderen Spielern auf die jeweils entsprechende Art erlöst werden:
   - **Kotzendes Känguru** | Der Gefangene nimmt die Arme vor dem Bauch in einem Halbkreis zusammen und stellt damit den Beutel eines Kängurus dar. Er kann befreit werden, indem sich zwei Mitspieler pantomimisch in den Beutel erbrechen.
   - **Waschmaschine** | Der Gefangene beugt sich vor und lässt als Wäschetrommel seinen Kopf kreisen. Zum Befreien bilden zwei weitere Spieler die Tür in Form eines Kreises mit ihren Händen.
   - **Mixer** | Der Gefangene steht kerzengerade und hält seine Arme zu beiden Seiten so neben seinen Kopf, dass sie zwei nach unten offene Halbkreise bilden. Befreit werden kann er, wenn sich zwei Spieler unter seine Hände stellen und im Kreis drehen.
   - **James Bond** | Der Gefangene posiert mit einer imaginären Pistole in den Händen. Zum Befreien stellen sich zwei Spieler an seine Seite, sehen ihn verliebt an und sagen »Uhhh, James!«

- **Toaster** | Der Gefangene springt auf und ab, bis zwei Spieler kommen, die sich rechts und links von ihm aufstellen und sich an den Händen nehmen, sodass er als Toast von einem Toaster umrahmt ist.
- **Straßenlaterne** | Der Gefangene nimmt die Arme über dem Kopf zusammen und beugt sich leicht nach vorne. Befreit wird er durch zwei Spieler, die als Hunde an seiner Seite die Beinchen heben.

Varianten

1. Um das Spiel spannender zu gestalten, können Sie die Fänger so auswählen, dass zunächst niemand weiß, wer sie sind. Dazu stellen sich alle Spieler so im Kreis auf, dass sie mit dem Gesicht nach außen schauen. Nun gehen Sie im Kreis herum und ticken den potenziellen Fängern auf den Rücken. Dann rufen Sie unvermittelt »Los!« und das Spiel beginnt.
2. Um das Spiel zu Beginn weniger verwirrend zu machen und um sich die Möglichkeit einer Steigerung zu erhalten, können Sie auch hier zunächst wieder weniger Kommandos einführen. Natürlich können Sie oder die Spieler selbst auch wieder neue Figuren erfinden.

Das Schrei-Rennen

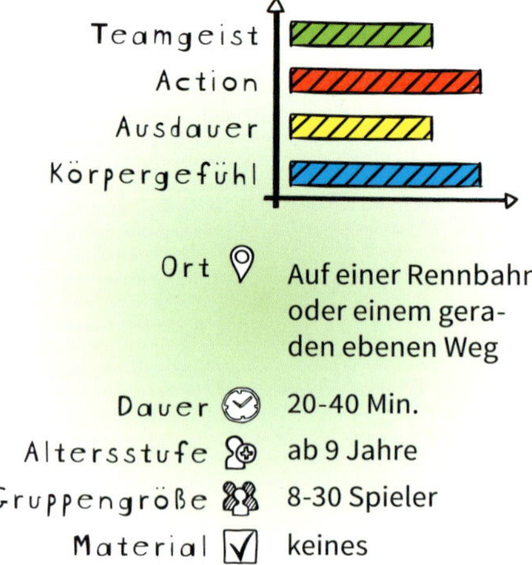

Ort: Auf einer Rennbahn oder einem geraden ebenen Weg
Dauer: 20-40 Min.
Altersstufe: ab 9 Jahre
Gruppengröße: 8-30 Spieler
Material: keines

Wirkung des Spiels

Dieses Spiel eignet sich sowohl bei sehr unruhigen Gruppen, um ihnen die Gelegenheit zu geben, ihre ganze Kraft einmal herauszuschreien, als auch für schüchterne oder verspannte Spieler als Möglichkeit, einmal aus sich herauszukommen und innere Blockaden und Barrieren abzubauen. Wirkungsvoll ist es auch nach einem größeren Konflikt, der viel Wut und Ärger bei den Spielern ausgelöst hat, den sie sich nun von der Seele schreien können.

Anleitung

1. Alle Spieler stehen in einer Schlange hinter einer Startlinie.
2. Auf Ihr Startsignal hin holt der erste Spieler tief Luft und beginnt so laut er kann zu schreien. Dabei sprintet er los und darf nun so lange laufen wie er schreien kann.
3. Wenn ihm die Luft ausgeht, bleibt er stehen und stellt sich an dieser Stelle seitlich des Weges auf.
4. Nacheinander rennen so alle Spieler die Bahn entlang. Derjenige, der am weitesten kommt, gewinnt das Spiel.

Varianten

Die Spieler können auch in kleinen Gruppen rennen. Die Gruppe darf dann so lange laufen, wie noch einer von ihnen schreien kann. Dies kann vor allem bei schüchternen Gruppen helfen, um zunächst die Hemmschwelle herabzusetzen.

Anmerkung

Bei diesem Spiel ist es sehr wirkungsvoll, wenn am Ende auch Sie als Spielleiter mitlaufen.

Fliegende Rettung

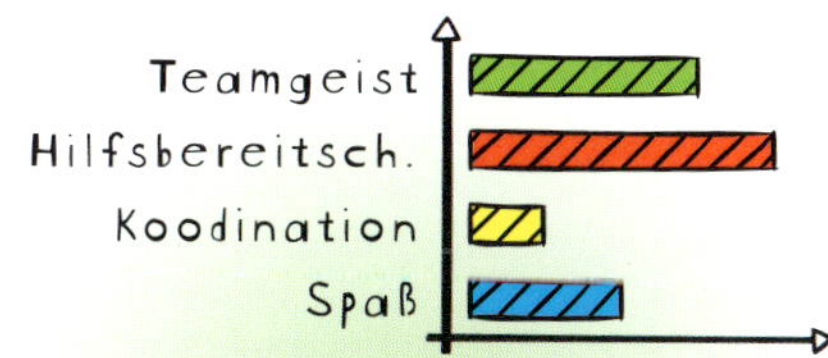

Wirkung des Spiels

Dieses fröhliche Bewegungs- und Aufwärmspiel fördert den Teamgeist der Gruppe und die Bereitschaft, sich gegenseitig zu helfen.

Ort: in einer Sporthalle oder auf einem größeren ebenen Platz
Dauer: 10-15 Min.
Altersstufe: ab 8 Jahre
Gruppengröße: 8-30 Spieler
Material: verschiedenartige werfbare Gegenstände (Bälle, Ringe, Tücher etc.), etwa halb so viele wie Spieler; Seile oder ähnliches zur Spielfeldmarkierung

Anleitung

1. Stecken Sie ein Spielfeld ab, das so klein ist, dass die Spieler nur wenig Möglichkeiten haben, einem Fänger auszuweichen.
2. Es werden zwei oder mehr Fänger ausgewählt, die versuchen, die anderen Spieler abzuschlagen und dadurch mit ihnen die Rolle zu tauschen.
3. Jeder Spieler, der einen der Gegenstände in der Hand hat, kann nicht abgeschlagen werden.
4. Die Spieler müssen nun durch geschicktes zuwerfen und abgeben der Gegenstände versuchen, es den Fängern so schwer wie möglich zu machen.

Zombieball

Ort: in einer Sporthalle oder auf einem größeren ebenen Platz
Dauer: 10-15Min.
Altersstufe: ab 9 Jahre
Gruppengröße: 8-30 Spieler
Material: zwei Softbälle; Seile o.ä. zur Spielfeldmarkierung

Wirkung des Spiels

Dies ist ein actionreiches Aufwärmspiel, das die Spieler in ihren Bann zieht und dabei die Aufmerksamkeit und das Reaktionsvermögen schult. Da es bei diesem Spiel um ein »Jeder gegen Jeden« geht, stellt es einen spannenden Kontrast zu den Kooperationsspielen dar und kann somit eine wirkungsvolle Auflockerung sein.

Anleitung

1. Stecken Sie ein Spielfeld ab, das nicht zu groß sein sollte, damit sich die Gruppe nicht zu sehr verläuft und dem Spiel damit den Schwung nimmt. Die beiden Bälle werden in das Spielfeld geworfen. Jeder, der einen Ball bekommt, darf versuchen, damit einen anderen Spieler abzuwerfen. Mit dem Ball in der Hand darf er allerdings nur noch drei Schritte gehen.
2. Wurde ein Spieler direkt getroffen (wenn der Ball zuvor Bodenkontakt hatte, zählt der Treffer nicht), so muss er sich an Ort und Stelle auf den Boden setzen und wird zur Schlingpflanze. Schafft er es dabei, den Ball zu fangen, passiert ihm jedoch nichts und er kann versuchen einen anderen Spieler zu treffen.
3. Als Schlingpflanze hat ein Spieler zwei Möglichkeiten, wieder erlöst zu werden:

Passiv, dadurch dass der Spieler, der ihn getroffen hat, selbst abgeworfen oder gefangen wurde (dazu ist es natürlich wichtig, dass er sich merkt, wer ihn getroffen hat).

Aktiv, dadurch dass er von seinem Platz aus als Schlingpflanze einen vorbeilaufenden Spieler abschlägt. Er darf sich dazu allerdings nur mit dem Oberkörper bewegen. Der Abgeschlagene wird nun zur neuen Schlingpflanze, die sich an genau die Stelle setzen muss, an der zuvor der andere Spieler saß.

Alaska

Ort: in einer Sporthalle oder auf einem größeren ebenen Platz

Dauer: 10-15 Min.

Altersstufe: ab 9 Jahre

Gruppengröße: 10-30 Spieler

Material: ein Ball oder ein anderer werfbarer Gegenstand

Wirkung des Spiels

Bei diesem Aufwärmspiel kommt es in erster Linie auf die Konzentration und die Koordination der Spieler an, die sich schnell einen Überblick über das Spielgeschehen verschaffen und sich innerhalb der Mannschaften gut koordinieren müssen.

Anleitung

1. Teilen Sie die Gruppe in zwei Mannschaften ein.
2. Entscheiden Sie dann per Los oder durch Werfen des Balles, welche der Mannschaften beginnt.
3. Diese nimmt nun den Ball, wirft ihn möglichst weit weg und ruft dabei laut Alaska. Es darf allerdings nicht an Orte geworfen werden, die von den Spielern nicht erreichbar sind.
4. Anschließend stellt sich die Mannschaft eng zusammen und der Werfer läuft außen um seine Gruppe herum. Jede volle Umrundung bringt dabei einen Punkt.
5. In der Zwischenzeit läuft die andere Mannschaft los, um sich den Ball zu holen. Wenn sie ihn erreicht hat, stellt sie sich in einer Reihe breitbeinig hintereinander auf und gibt ihn zwischen den Beinen nach hinten durch. Der letzte Spieler hält ihn hoch über den Kopf, ruft laut Alaska und wirft ihn weg.
6. Mit dem Alaska-Ruf tauschen die beiden Mannschaften ihre Rollen.
7. Nach fünf Runden ist das Spiel beendet, und die Mannschaft mit der höheren Punktezahl gewinnt.

Anmerkung

Es sollte vor Spielbeginn geklärt werden, was passiert, wenn doch eine der Mannschaften den Ball an einen unerreichbaren Ort wirft. Die möglichen Konsequenzen können hier von einer Spielunterbrechung bis hin zu Punktabzug reichen.

Zehnerball

Wirkung des Spiels

Zehnerball ist ein spannendes Warm-Up-Spiel, das gut für die Kondition und Ausdauer der Spieler ist und dabei die Spontaneität und Reaktionsfähigkeit der Spieler sowie ihre Zusammenarbeit trainiert.

Ort	in einer Sporthalle oder auf einem größeren ebenen Platz
Dauer	10-15 Min.
Altersstufe	ab 9 Jahre
Gruppengröße	8-30 Spieler
Material	ein Ball

Anleitung

1. Die Gruppe wird in zwei gleich große Mannschaften eingeteilt.
2. Werfen Sie den Ball senkrecht in die Luft, um beiden Mannschaften die Chance zu geben, in Ballbesitz zu kommen.
3. Die Mannschaft, die den Ball fängt, muss nun versuchen, ihn 10 x hin und her zu passen, ohne dass er von der anderen Mannschaft abgefangen wird oder zu Boden fällt. Rückpässe sind dabei nicht erlaubt und führen dazu, dass die gegnerische Mannschaft den Ball bekommt.
4. Mit dem Ball darf nicht gelaufen, sondern nur ein Sternschritt wie im Basketball gemacht werden.
5. Schafft es eine Mannschaft, 10 x zu passen, bekommt sie dafür einen Punkt und der Ball geht an die andere Mannschaft über.
6. Fällt der Ball zu Boden, kann er auch von der gleichen Mannschaft wieder aufgehoben werden. Diese hat dann einen weiteren Versuch, muss allerdings noch einmal neu mit dem Zählen beginnen.
7. Um die Übersicht zu behalten, muss jeder Spieler, der einen Ball fängt, laut und deutlich mitzählen. Ein gefangener Ball, der nicht laut mitgezählt wurde, wird überhaupt nicht mitgezählt. Die Reihe wird danach aber fortgesetzt.
8. Gespielt werden kann entweder in einem bestimmten Zeitrahmen oder bis eine Mannschaft eine zuvor festgelegte Punktezahl erreicht hat.

Variante

Um das Spiel schneller zu gestalten, kann die zusätzliche Regel eingeführt werden, dass der Spieler, der sich gerade im Ballbesitz befindet, von der gegnerischen Mannschaft angetickt werden kann. Von dem Moment an hat er nur noch 3 Sekunden Zeit, um den Ball zu passen, andernfalls geht er in den Besitz der anderen Mannschaft über.

Teil 5

Geländespiele

In diesem Teil ...

... lernen Sie noch einmal eine völlig neue Art von Gruppenspielen kennen, die viele Eigenschaften der anderen Spiele vereinen. Sie sind zumeist actionreich, erfordern aber auch taktisches Geschick, eine gute Gruppenkooperation, Kreativität und Aufmerksamkeit. Durch ihren Abenteuer-Charakter eignen sie sich hervorragend für Jugendcamps und Ferienlager, aber auch um bei Erwachsenengruppen die inneren Kinder wieder zum Leben zu erwecken und dadurch noch einmal völlig neue Ebenen in den Teilnehmern anzusprechen.

Geländespiele sind kleine inszenierte Abenteuer. Sie sind eine Mischung aus Sportspielen, Wettkampf, erlebbaren Geschichten und Kooperationsspielen.

Ihr wichtigstes Element ist das unmittelbare Erleben eines real empfundenen Abenteuers, in dem die Spieler zu Helden ihrer eigenen Geschichte werden. Dadurch wird das sogenannte Huckleberry-Fynn-Syndrom wieder entfacht. Damit ist die Fähigkeit gemeint, selbstbestimmt und voller Neugier in die Welt hinauszugehen und das eigene Leben als ein Abenteuer zu betrachten. Diese Fähigkeit ist vielen Kindern der heutigen Zeit leider fast gänzlich verloren gegangen und kommt auch bei Erwachsenen nur noch selten vor. Das führt dazu, dass sie ständig einen Anreiz von außen brauchen, um mit ihrer Freizeit etwas anfangen zu können.

Geländespiele kommen von den hier vorgestellten Spieltypen am nächsten an das freie und selbstbestimmte Spiel abenteuerlustiger Kinder heran. Sie sind daher am stärksten geeignet, um die Freude am Abenteuer wiederzuerwecken.

Am besten gelingt dies, wenn Sie die Aktionen in eine Spielgeschichte einbetten und bereits das Anleiten kreativ und fantasievoll gestalten. Dabei kann das Spiel durchaus auch einen schauspielerischen Charakter bekommen. Gerade bei jüngeren Spielern wird das Erleben noch einmal sehr viel intensiver, wenn sie sich beispielsweise für ein Spiel, in dem es um Indianervölker geht, auch als Indianer verkleiden und sich z.B. einen gemeinsamen Schlachtruf überlegen. Auch bei Erwachsenen und älteren Jugendlichen kann dies einen sehr positiven Effekt haben. Allerdings ist es hier wichtig, seine Gruppe gut einschätzen zu können und das theatralische Element so zu verkaufen, dass sie es gut annehmen können. Andernfalls kann es leicht passieren, dass die Teilnehmer es lächerlich oder albern finden und blockieren. Auf der anderen Seite muss man als Spielleiter jedoch auch gut aufpassen, dass sich gerade Erwachsene nicht zu sehr in ihre Rollen hineinsteigern, wenn sie diese einmal angenommen haben. Wir sind es in unserer Gesellschaft dermaßen gewöhnt, ständig in ein Korsett aus Verhaltensregeln gepresst zu werden, dass manch einer diese Möglichkeit, eine neue Rolle einzunehmen, wie einen Gefängnisausbruch empfinden wird. Dies ist einerseits sehr positiv, da sich die Teilnehmer so selber auch noch einmal von einer ganz anderen Seite kennenlernen und möglicherweise ganz neue Eigenschaften und Potenziale an sich entdecken. Es bietet zudem viele Ansatzmöglichkeiten für spätere Reflexionen und hat mitunter auch einen therapeutischen Effekt, wie er unter anderem auch in der Gestalttherapie verwendet wird. Andererseits kann es aber auch passieren, dass die Teilnehmer ein Stück weit vergessen, dass sie gegen Kollegen oder andere Seminarteilnehmer spielen und nicht wirklich im Kampf mit einem Gegner stecken. Dann kann es sein, dass Sie Ihre Teilnehmer bremsen müssen, bevor es zu ernsthaften Ausschreitungen kommt.

Wenn Sie Geländespiele für Ihre Gruppe anleiten, gibt es daher einige wichtige Regeln, die Sie beachten sollten:

1. **Verletzungsgefahr |** Geländespiele werden, wie der Name bereits sagt, idealerweise in Wäldern oder in unübersichtlichem Gelände gespielt. Dies sind Orte, die etwas Abenteuerliches an sich haben, wenngleich sich in vielen Fällen auch bereits der Schulhof, das Seminargelände oder ein Park dafür eignet. Dabei ist es nicht auszuschließen, dass die Spieler im Eifer des Gefechtes stürzen, stolpern oder sich anderweitig verletzen. Sie sollten daher stets einen Erste-Hilfe-Kasten dabei haben. Weisen Sie die Spieler auf das Risiko hin und leiten Sie sie zur Aufmerksamkeit an.
2. **Klare Absprachen |** Da Sie die Spieler, anders als bei den anderen Spielen, nicht die ganze Zeit im Blick haben können, ist es umso wichtiger, vorab klare Regeln und Vereinbarungen zu treffen. Das aufgestellte Regelwerk sollte klarlegen, wie mit Regelverstößen umgegangen wird. Den Spielern muss deutlich gemacht werden, dass jede Handlung eine Konsequenz nach sich zieht und dass sie selber für deren Durchsetzung verantwortlich sind. Des Weiteren müssen Absprachen über die Begrenzung des Spielfeldes, wichtige Signale und das Spielende getroffen wer-

den. Vereinbaren Sie vor allem einen Signalruf, bei dem sich alle wieder am Ausgangspunkt treffen.

3. **Präsenz** | Halten Sie sich die ganze Zeit über auf dem Spielgelände auf und beobachten Sie das Spiel. Auch wenn Sie nicht immer alle Spieler sehen können, werden Sie doch von denen, die Sie zwischendurch treffen, fast alles über das Spielgeschehen erfahren und können jederzeit eingreifen, falls es nötig wird.
4. **Spieler zählen** | Zählen Sie zu Beginn und am Ende des Spiels die Spieler durch, um sicherzugehen, dass alle zum vereinbarten Treffpunkt zurückgekehrt sind.

Nach dem Ende eines Geländespiels sollte es, ähnlich wie bei den Kooperationsspielen, eine kurze Reflexion geben. Dabei können sich die Spieler über ihre Erfahrungen austauschen und den anderen Spielern mitteilen, was ihnen am Spielverlauf gefallen hat und was nicht. Es können sich zum einen erweiterte Regeln für eine nächste Runde, zum anderen aber auch Absprachen für das allgemeine Miteinander im Gruppengefüge ergeben. Wichtig ist es auch, ein kurzes Abschlussritual zu machen, bei dem sich die Spieler wieder aus ihren Rollen lösen können. Des Weiteren sollten sich die Mitspieler bei der eigenen und der gegnerischen Mannschaft für das gelungene Spiel bedanken und sich gegenseitig zu geschickten Schachzügen gratulieren. Dadurch wird das Gruppengefühl auch über die Grenzen der eigenen Mannschaft hinaus gestärkt.

Interessant ist es häufig auch, ein Geländespiel in Bezug auf seine Aussagekraft über das Alltagsleben der Gruppe auszuwerten. Denn häufig kommt es vor, dass alltägliche, mitunter subtile Rollenverteilungen im Spiel besonders deutlich werden.

Vogeljagd

Naturerleben
Abenteuer
Aufmerksamkeit
Wahrnehmung

Wirkung des Spiels

Das Spiel schult die Aufmerksamkeit der Spieler und trainiert ihre Fähigkeit, sich anhand von Geräuschen zu orientieren.

Ort	im Wald, in einem großen unüberschaubaren Gelände, auf dem Schulhof, im Park o.ä.
Dauer	15 Min.
Altersstufe	ab 9 Jahre
Gruppengröße	10-30 Spieler
Material	4 bis 10 Pfeifen

Anleitung

1. Wählen Sie je nach Gruppengröße vier bis sechs Spieler aus, die zu Vögeln werden und je eine Pfeife bekommen.
2. Die Vögel bewegen sich während des Spiels alleine und möglichst unauffällig in einem zuvor genau abgesteckten Gebiet. Alle drei Minuten müssen sie dabei einen lauten Pfiff ausstoßen.
3. Die übrigen Spieler versuchen, die Vögel zu fangen, indem sie sie aufspüren und abschlagen. Ein gefangener Vogel muss seine Pfeife abgeben und sich den Fängern anschließen.
4. Nach Ablauf einer zuvor festgelegten Zeit stoppen Sie das Spiel. Die Vögel, die bis dahin nicht gefangen wurden, haben gewonnen und dürfen die Vögel für die nächste Runde auswählen.

Die Sockenjäger

Spannung	
Kooperation	
Ausdauer	
Action	

Ort	auf einer Wiese oder in einem Gelände mit weichem Untergrund
Dauer	30-45 Min.
Altersstufe	ab 9 Jahre
Gruppengröße	10-30 Spieler
Material	eine Pfeife, ein langes Seil

Wirkung des Spiels

Dieses Spiel eignet sich vor allem für sehr unruhige Gruppen, da es viel überschüssige Energie verbraucht. Gleichzeitig ist es aber auch ein Strategiespiel, bei dem sich die Spieler im Entwickeln und Umsetzen einer hilfreichen Spieltaktik üben können.

Anleitung

1. Es wird ein großes Spielfeld abgesteckt, in dessen Mitte ein Kreis ausgelegt wird.
2. Die Gruppe teilt sich in zwei Mannschaften, von denen eine zur Beute und eine zu den Sockenjägern wird.
3. Die Beutegruppe bekommt 5 Minuten Vorsprung. Dann wird sie von den Sockenjägern verfolgt, die nun versuchen, den einzelnen Spielern ihre Schuhe und Socken auszuziehen und mitzunehmen. Dabei ist es den einzelnen Gruppen überlassen, ob sie sich der Situation alleine oder zusammen mit ihren Mitspielern stellen.
4. Die erbeuteten Socken und Schuhe werden in einen Kreis in der Mitte gebracht. Sockenlose Spieler können nun barfuß zu diesem Kreis zurückkehren und sich ihre Socken und Schuhe wieder anziehen.
5. Das Spiel wird entweder nach Ablauf einer vereinbarten Zeit durch einen lauten Pfiff beendet oder dadurch, dass die Jäger alle Socken erobert haben.
6. Im Anschluss tauschen die beiden Gruppen die Rollen und es beginnt eine zweite Runde.

Anmerkung

Bei diesem Spiel ist es wichtig, als Spielleiter darauf zu achten, dass die Spieler nicht übermütig werden und sich im Kampf um die Socken gegenseitig verletzen. Daher ist es von besonderer Bedeutung, den Spiel- und Sportlichkeitscharakter der Aktion zu betonen und im Falle einer verstärkten Unkontrolliertheit einiger Spieler sofort einzugreifen und das Spiel für eine Reflexion zu unterbrechen.

Kampf der Detektive

Spannung
Kooperation
Wahrnehmung
Naturerleben

Ort: im Wald oder in einem großen unübersichtlichen Gelände
Dauer: 30-45 Min.
Altersstufe: ab 9 Jahre
Gruppengröße: 10-30 Spieler
Material: ein Band oder Tuch pro Spieler

Wirkung des Spiels

Bei diesem Spiel geht es neben der Entwicklung einer guten Spieltaktik für die eigene Mannschaft auch um das Tarnen, Täuschen und Schleichen in der Natur, was den Naturbezug der Spieler stärkt.

Anleitung

1. Ein Spieler wird zum Dieb gewählt, der sich ein Versteck im Wald sucht, in dem er bleibt, bis ihn jemand gefunden hat.
2. Die anderen Spieler erhalten jeder ein Lebensband oder -tuch, das sie sich hinten in den Hosenbund stecken, sodass es ca. 30 cm herausguckt.
3. Sie finden sich in Fünfergruppen zusammen, von denen jeder den Auftrag erhält, den Dieb als Erstes zu finden und zu Ihnen als Spielleiter zu bringen.
4. Hat eine Gruppe den Dieb gefunden, muss er sie freiwillig begleiten. Dabei kann er jedoch versuchen, eines der Lebensbänder seiner Begleiter herauszuziehen. Wenn ihm das gelingt, darf er fliehen und sich ein neues Versteck suchen. Die Detektiv-Gruppe darf ihn dann 60 Sekunden lang nicht verfolgen.
5. Stoßen zwei Detektiv-Gruppen aufeinander, von denen eine den Dieb gefangen hat, kann die andere ebenfalls versuchen, ein Lebensband herauszuziehen und den Dieb damit in ihre Obhut zu nehmen. In diesem Fall muss ihnen die erste Gruppe 15 Sekunden Vorsprung geben, bevor sie die Verfolgung wieder aufnehmen darf.
6. Wird einem Spieler einer Gruppe, die den Dieb nicht gefangen hat, ein Lebensband entrissen, so wird diese für 15 Sekunden außer Gefecht gesetzt und darf sich in dieser Zeit nicht bewegen.
7. Entreißen sich die Spieler zweier Gruppen gleichzeitig gegenseitig die Lebensbänder, müssen sie nach Ablauf der 15 Sekunden in entgegengesetzte Richtungen auseinander gehen.
8. Die Gruppe, die es letztlich schafft, den Dieb zum Spielleiter zu bringen, gewinnt das Spiel.

Die Schatzkarten

Wahrnehmung	▮▮▮
Kommunikation	▮▮▮
Orientierung	▮▮▮▮
Abenteuer	▮▮

Ort	im Freien
Dauer	40-60 Min.
Altersstufe	ab 9 Jahre
Gruppengröße	10-40 Spieler
Material	Papier, Stifte und eine Zeichenunterlage, 2-4 Schätze

Wirkung des Spiels

Dieses Spiel schult den Orientierungssinn der Spieler sowie ihre Fähigkeit, Gesehenes in Zeichen und Symbole zu übertragen und diese wieder zu entschlüsseln.

Anleitung

1. Je nach Gruppengröße finden sich die Spieler in zwei bis vier Kleingruppen zusammen.
2. Jede erhält ein Blatt Papier, einen Stift, eine Schreibunterlage und einen Schatz.
3. Ab Spielbeginn haben die Gruppen 20 Minuten Zeit, um ihren Schatz zu verstecken und dabei eine Schatzkarte anzufertigen, die möglichst genau den Weg zum Versteck zeigt.
4. Nach Ablauf der 20 Minuten treffen sich alle Gruppen wieder am Ausgangspunkt und die Karten werden reihum weitergegeben.
5. Nun erhalten die Gruppen wieder 20 Minuten Zeit, um den Schatz zu finden, zu dem sie die erhaltene Schatzkarte führt.
6. Dabei liegt der Schwerpunkt darauf, die Karten wirklich so deutlich zu machen, dass die Schätze möglichst gut gefunden werden können.

Steigerungsform

Wenn die Spieler schon etwas Übung im Kartenzeichnen und -lesen haben, können auch Rätsel und Irrwege in die Schatzkarte mit aufgenommen werden. Bei ungeübten Spielern ist diese Variante allerdings nicht ratsam, da die Karten auch ohne diese Hindernisse meist aufgrund ihrer Ungenauigkeit oder dem Fehlen von Angaben, die als unwichtig empfunden wurden, ausreichend schwer zu lesen sind.

Das Verlies

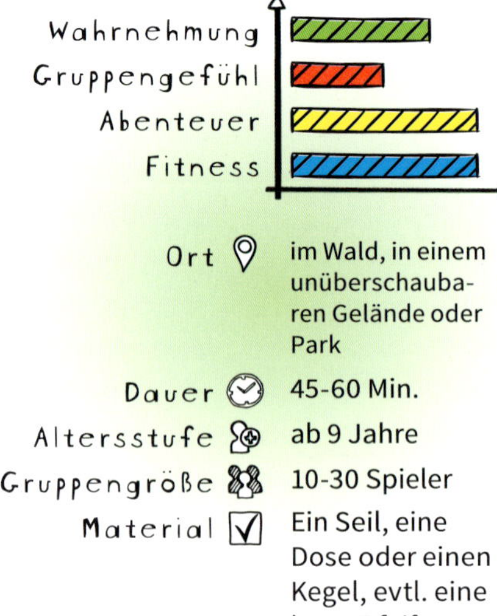

Wirkung des Spiels

Dieses Spiel schult neben der körperlichen Fitness vor allem die Fähigkeit der Spieler, sich anzuschleichen und unauffällig im Gelände zu bewegen. Das wiederum schult die Wahrnehmung und das eigene Körperbewusstsein. Gleichzeitig trägt das Spiel dazu bei, Berührungsängste innerhalb der Gruppe abzubauen.

Vorbereitung

1. Zwischen vier Bäumen wird das Verlies aufgebaut, indem ein Seil auf etwa Brusthöhe so gespannt wird, dass es drei Seiten absperrt, während die vierte offen bleibt.
2. In das hintere Drittel des Verlieses wird eine Dose oder ein Kegel auf einen Sockel gestellt.

Anleitung

1. Die Gruppe wird in zwei Mannschaften eingeteilt, von denen die eine die Gefängniswärter und die andere die Gefangenen spielt.
2. Zu Beginn des Spiels fliehen die Gefangenen aus dem Verlies und werden nach etwa einer Minute von den Gefängniswärtern verfolgt.
3. Diese versuchen, die Flüchtlinge wieder einzufangen und zurück ins Verlies zu bringen, wobei sie nicht freiwillig mitkommen müssen.
4. Sobald ein Gefangener aber wieder im Verlies ist, darf er nicht mehr fliehen. Er kann aber von seinen Mitspielern befreit werden.
5. Dazu muss ein Flüchtling durch die vordere Öffnung (nicht durch die abgesperrten Seiten) in das Gefängnis einbrechen und es schaffen, die Dose bzw. den Kegel umzuwerfen.
6. Wird er dabei von einem Wärter erwischt, reicht ein abschlagen, um ihn ebenfalls gefangenzunehmen. Die Wächter dürfen sich allerdings nicht dauerhaft im oder direkt vor dem Verlies aufhalten, sondern nur hinrennen, wenn sie einen Eindringling erspähen.

7. Schafft es ein Spieler, die Dose umzuwerfen, so können die Gefangenen durch den Eingang fliehen, bis ein Wärter die Dose wieder aufgestellt hat.
8. Nach Ablauf einer zuvor vereinbarten Zeit wird das Spiel mit einem lauten Pfeifen gestoppt. Die Anzahl der Gefangenen, die sich zu diesem Zeitpunkt im Gefängnis befinden, wird gezählt.
9. In einer zweiten Runde können die Rollen getauscht werden. Die Mannschaft, die am Ende mehr Gefangene hatte, gewinnt dann das Spiel.

Die Ritter des Königs

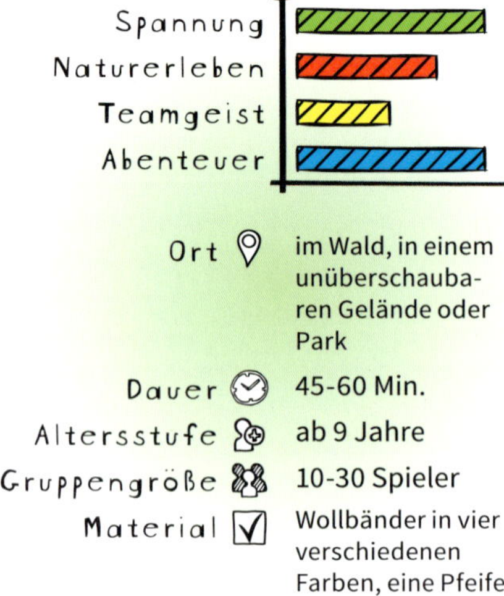

Wirkung des Spiels

Die »Ritter des Königs« ist ein Spiel, in das die Spieler ganz eintauchen können und bei dem sie das Gefühl erhalten, aktiv an einem Abenteuer teilzunehmen. Dadurch wird zum einen die Präsenz im gegenwärtigen Augenblick gesteigert, und zum anderen die Bereitschaft, sich mit Begeisterung für ein höheres Ziel (in diesem Fall den Gruppenerfolg) einzusetzen.

Anleitung

1. Teilen Sie die Gruppe in zwei Mannschaften ein.
2. Jeder Spieler bekommt ein Lebensband in der Farbe seiner Mannschaft, das er sich locker am Arm befestigt. Ein Spieler jeder Gruppe wird von seinen Mitspielern zum König gewählt und bekommt ein andersfarbiges Band.
3. Vor dem eigentlichen Spielbeginn bekommt jede Gruppe 10 Minuten Zeit, um sich eine gute Spieltaktik zu überlegen. Anschließend verteilen sich die Spieler frei über das Gelände.
4. Jede Mannschaft hat das Spiel über folgende Aufgaben:
   - Der König muss versuchen, sein eigenes Band sicher beim Spielleiter abzugeben. Gelingt es ihm, bekommt er dafür ein einfaches Lebensband und spielt als gewöhnlicher Ritter weiter.
   - Alle versuchen, ihre eigenen Lebensbänder zu behalten und sie den Spielern der anderen Mannschaft abzunehmen. Dafür müssen die Wollbänder so befestigt sein, dass sie sich leicht lösen oder vom Arm abgestreift werden können. Ein Spieler, der sein Lebensband verloren hat, ist vorübergehend handlungsunfähig und muss erst Sie als Spielleiter finden und sich von Ihnen ein neues holen, bevor er wieder aktiv mitspielen kann. Erbeutete Lebensbänder werden ebenfalls am Arm befestigt und können nun als Ersatzband behalten werden (unter der Gefahr, beide Bänder gleichzeitig zu verlieren) oder an den Spielleiter abgegeben werden.

5. Sie als Spielleiter bewegen sich während des Spiels frei über das Gelände und versuchen, möglichst unauffällig zu sein, um es den Spielern nicht zu einfach zu machen, Sie zu finden. Alle 3 bis 5 Minuten geben Sie Ihre Position jedoch durch ein lautes Pfeifen bekannt. Dabei können Sie aber direkt weitergehen.
6. Nach Ablauf der zuvor festgelegten Spielzeit werden alle Spieler zusammengerufen und es kommt zu einer Auswertung des Punktestandes:
   - Jedes Königsband, das beim Spielleiter abgegeben wurde (egal ob eigenes oder fremdes), bringt fünf Punkte.
   - Alle gewöhnlichen Lebensbänder, die sich im Besitz einer Mannschaft befinden oder von dieser beim Spielleiter abgegeben wurden, geben einen Punkt.
   - Hat ein König sein Band zwar behalten, es aber nicht beim Spielleiter abgegeben, oder hat ein Spieler noch das Band des gegnerischen Königs bei sich, so zählt dieses auch nur einen Punkt.
7. Die Mannschaft mit den meisten Punkten gewinnt das Spiel.

Takeshi's Castle

Reaktion
Ausdauer
Aufmerksamkeit
Gleichgewicht

Ort im Freien oder in einer Sporthalle

Dauer 30-45 Min.

Altersstufe ab 10 Jahre

Gruppengröße 10-40 Spieler

Material Mindestens 10 Softbälle, Materialien, um einen Hindernisparcours aufzubauen (Bänke, Pylonen, Reifen, Seile, Kästen o.ä.), ein langes Seil, zwei Eimer, mindestens 50 Pappdeckel oder vergleichbares

Wirkung des Spiels

Bei diesem actionreichen und spaßigen Spiel trainieren die Spieler ihren Gleichgewichtssinn und ihre Geschicklichkeit in einer Stresssituation. Dabei wird auch die Aufmerksamkeit und die Reaktionsfähigkeit der Einzelnen sowie eine gute Zusammenarbeit im Team geschult.

Vorbereitung

1. Bauen Sie (gerne auch mit Unterstützung der Spieler) einen Hindernisparcours von 15-20 m Länge auf, der mindestens die Elemente Slalom, Balancieren und Springen enthalten sollte sowie zwei Ruhezonen, die z.B. durch Ringe oder Matten gekennzeichnet sind. Der Parcours sollte dabei in gerader Linie mit einem Start- und einem Endpunkt verlaufen.
2. An den Start des Parcours wird ein Eimer gestellt, der die Pappdeckel enthält, an das Ende kommt ein leerer Eimer.
3. In einem Abstand von sieben Metern wird parallel zum Parcours ein Seil als Markierung auf den Boden gelegt. Entlang des Seiles werden die Softbälle verteilt.

Anleitung

1. Die Gruppe teilt sich in zwei Mannschaften, von denen sich eine am Startpunkt des Parcours, die andere entlang der Seilmarkierung aufstellt.
2. Auf Ihr Startsignal hin versucht nun die erste Mannschaft, den Parcours zu durchlaufen, während die zweite versucht, ihre Gegner mit den Softbällen abzuwerfen.
3. Dabei gelten folgende Regeln:
   - Die Spieler der ersten Mannschaft nehmen bei jedem Durchlauf einen Pappdeckel mit, der am Ende in den zweiten Eimer geworfen werden soll. Jeder platzierte Deckel bringt später einen Punkt.
   - Wird ein Spieler von einem Ball getroffen oder verliert er das Gleichgewicht und verlässt vorzeitig den Parcours, muss er ihn von Neuem beginnen.

- Spieler, die sich auf dem Rückweg befinden, müssen hinter dem Parcours lang laufen.
- Die Spieler der zweiten Mannschaft dürfen nur hinter der Markierungslinie stehend werfen. Sie dürfen die Linie aber überqueren, um sich geworfene Bälle zurückzuholen.

4. Nach 5 bis 10 Minuten werden die Pappdeckel im zweiten Eimer gezählt und die Gruppen tauschen. Je nachdem wie viel Zeit zur Verfügung steht, können auch mehrere Runden gespielt werden.

Variante

Die abgeworfenen Spieler gehen nicht zurück an den Anfang, sondern werden zu Schutzschilden, die vor dem Parcours hin- und hergehen und die ankommenden Bälle abwerfen dürfen. Bei dieser Variante dauert eine Runde so lange, bis alle Spieler zu Schutzschilden geworden sind.

Unterschriften-Aktion

Naturerleben
Abenteuer
Aufmerksamkeit
Wahrnehmung

Ort: im Wald, in einem unüberschaubaren Gelände oder auf dem Schulhof
Dauer: 20-30 Min.
Altersstufe: ab 8 Jahre
Gruppengröße: 8-30 Spieler
Material: für jeden Spieler einen Filzstift, 10 bis 15 Zettel, Reißzwecken

Wirkung des Spiels

Dieses Spiel ist eine abenteuerliche Aktion, bei der die Spieler ihre Geschwindigkeit und ihr Geschick im Tarnen und Täuschen trainieren. Gleichzeitig werden die Kooperation und die Hilfsbereitschaft innerhalb der Gruppe gestärkt, da sie als eine Mannschaft gegen die Spielleiter spielen.

Anleitung

1. Für dieses Spiel ist es gut, wenn Sie als Spielleiter einen Partner oder Assistenten haben, der mit Ihnen zusammen als Wächter fungiert.
2. Verteilen Sie vor Spielbeginn überall im Gelände Zettel, die mehr oder weniger gut versteckt sind. (Um am Ende alle wiederzufinden ist es hilfreich, sie durchzunummerieren.)
3. Jeder Spieler bekommt nun einen Stift und die Gruppe den Auftrag, innerhalb einer vorgegebenen Zeit eine bestimmte Anzahl an Unterschriften auf den Zetteln zu hinterlassen.
4. Dabei darf jeder Spieler auf jedem Zettel nur ein einziges Mal unterschreiben und muss aufpassen, dass er dabei nicht von einem Wächter gesehen wird.
5. Wird er doch erwischt, ruft der Wächter laut seinen Namen und notiert diesen auf einer Liste. Hat der erwischte Spieler seinen Namen bereits geschrieben, muss er ihn wieder streichen, darf es aber zu einem späteren Zeitpunkt noch einmal bei dem gleichen Zettel versuchen. Als erwischt zählt nur die Zeit, in der der Spieler die Kappe seines Stiftes abgenommen hat. Davor und danach darf er auch in der Nähe eines Zettels gesehen werden.
6. Nach Ablauf der Zeit werden alle gesammelten Unterschriften gezählt. Jeder Name auf einem Zettel bringt einen Punkt, jeder auf der Liste der Wächter einen Minuspunkt.

7. Wenn die Gruppe die Mindestzahl erreicht hat, gewinnt sie das Spiel, andernfalls gibt es eine zweite Runde.

Anmerkung

Haben Sie keinen Assistenten, können Sie auch zwei oder drei Spieler zu Wächtern ernennen.

Die zwei Völker

Wirkung des Spiels

Dieses Abenteuerspiel weckt in den Spielern den Wunsch, sich aktiv für ihre Gruppe einzusetzen, und schult den Umgang mit Risikosituationen, da sie sich, um erfolgreich zu sein, in die »Gefahr« des gegnerischen Territoriums begeben müssen. Abgesehen davon trainieren die Spieler ihre Kondition und Ausdauer sowie ihr Reaktionsvermögen.

Anleitung

1. Die Gruppe wird in zwei Mannschaften aufgeteilt, die jeweils ein Volk bilden. Jedes Volk bekommt drei Gymnastikringe als Schatzkammern, die sie irgendwo innerhalb ihres eigenen Spielfeldes platzieren können. In jede Schatzkammer kommen drei Schätze.
2. Es wird ein großes Spielfeld festgelegt und mit einem Seil in der Mitte halbiert. (Wenn es auf dem Gelände eine natürliche Grenze, wie etwa einen kleinen Bach oder einen Weg gibt, wird das Spiel noch interessanter.)
3. Die Aufgabe der Spieler ist es nun, innerhalb einer vereinbarten Zeit möglichst viele Schätze des anderen Volkes zu erbeuten und in die eigenen Schatzkammern zu befördern.
4. Dabei gelten folgende Regeln:
   - Solange sich ein Spieler im eigenen Land befindet, ist er ein Jäger und kann Gegner durch Abschlagen aus seinem Gebiet vertreiben, ohne selbst von diesen gefangen oder gejagt zu werden.
   - Befindet sich ein Spieler im Land seiner Feinde, kann er von diesen angetickt werden. Dann muss er das Land auf direktem Wege verlassen. Sobald er die Grenze einmal überquert hat, kann er einen neuen Versuch starten. Wenn er mit einem Schatz in der Hand erwischt wird, muss er diesen wieder abgeben.

- Schafft es ein Spieler, bis in eine gegnerische Schatzkammer zu kommen, kann er sich so lange er möchte gefahrlos darin aufhalten. Er darf aber maximal einen Schatz mitnehmen und muss diesen eigenhändig in die eigene Schatzkammer bringen.
- Schätze dürfen nicht geworfen oder an andere Spieler abgegeben werden. Sobald ein Schatzdieb mit Beute die Grenze zum eigenen Land überquert hat, muss er den Schatz direkt in eine der Schatzkammern legen. Wird ein Schatz fallengelassen, wandert er auf direktem Wege wieder in eine Schatzkammer des Volkes, auf dessen Grund er liegt.
- Nach Ablauf der Zeit werden die Schätze gezählt, die sich im Besitz der einzelnen Völker befinden. Jeder Schatz bringt dabei einen Punkt. Bei Schätzen, die sich außerhalb der Schatzkammern befinden, zählt das Gebiet, in dem sie zum Zeitpunkt des Abpfiffs waren, unabhängig davon, ob es sich um einen eigenen oder einen gegnerischen Spieler handelt, der sie hielt.

Indianerschätze

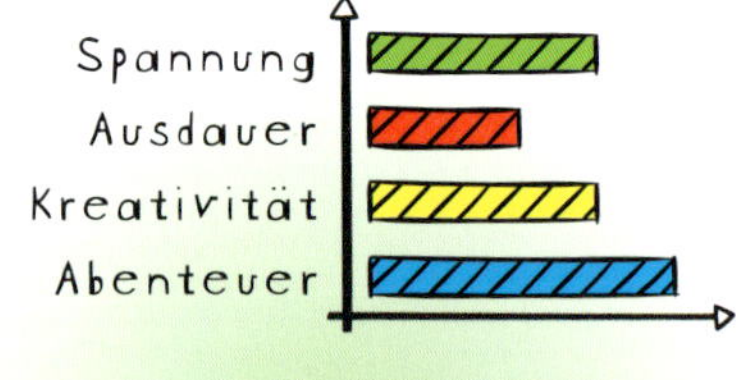

Wirkung des Spiels

Der pädagogische Wert dieses Spiels liegt vor allem in seinem starken Abenteuercharakter, der dazu beiträgt, das sogenannte Huckleberry-Fynn-Syndrom bei den Spielern zu aktivieren, das heute sehr oft verloren gegangen ist. Damit ist die Freude am aktiven, wilden Leben als junger Entdecker und Abenteurer gemeint, im Unterschied zum passiven Konsumieren von medialen Abenteuern. Das Spiel fördert zudem die Fähigkeit, sich Taktiken und Strategien einfallen zu lassen und umzusetzen und schweißt die Gruppe durch das gemeinsame Erleben des Abenteuers zusammen.

Ort: im Wald oder in einem großen unüberschaubaren Gelände

Dauer: 30-45 Min.

Altersstufe: ab 10 Jahre

Gruppengröße: 10-40 Spieler

Material: Mindestens 6 Seile von min. 5 m Länge, ein farbiges Tuch oder breites Band pro Spieler in insgesamt drei unterschiedlichen Farben, mindestens 15 Schätze, eine Pfeife, evtl. bunte Schminke

Vorbereitung

1. Die Gruppe wird in drei Mannschaften aufgeteilt. (Bei größeren Gruppen können es auch mehr sein.) Jede Gruppe ist ein Indianerstamm und kann sich einen gemeinsamen Schlachtruf und eine Kriegsbemalung überlegen.
2. Jeder Stamm bekommt 5 Schätze, zwei Seile und pro Spieler ein Lebensband in der Farbe der Mannschaft. Diese Bänder stecken sich die Spieler hinten in den Hosenbund, sodass sie etwa 30 cm herausschauen.
3. Nachdem die ganze Gruppe einmal das Gelände abgelaufen ist, um für alle erkenn-

bar zu machen, bis wohin das Spielfeld geht, zieht jede Gruppe los, um sich ihr Indianerlager aufzubauen. Dafür suchen sie sich einen Platz, den sie als geeignet ansehen, und legen mit den Seilen zwei große Kreise auf dem Boden, die einen Abstand von ca. 2 m haben. Ein Kreis wird zur Schatzkammer, der zweite zum Gefängnis.

4. Anschließend treffen sich alle Stämme wieder am Ausgangspunkt und haben 5 Minuten Zeit, um sich eine Strategie zu überlegen.

Anleitung

1. Auf Ihr Pfeifen hin beginnt das Spiel, bei dem jeder Stamm die folgenden Aufgaben hat:
   - Die Schätze der anderen Stämme zu rauben. Dazu müssen sie sich in die fremden Schatzkammern schleichen, einen Schatz entwenden und ihn sicher in die eigene Kammer bringen. Es darf dabei immer nur ein Schatz entwendet werden und der Dieb darf ihn unterwegs nicht an Stammesmitglieder abgeben oder ihn ablegen. Wird er mit dem Schatz in der Hand gefangen genommen, so geht der Schatz an den Fänger über.
   - Andere Spieler gefangen nehmen. Dies geschieht, indem ein Spieler einem anderen das Lebensband herauszieht. Wenn es ihm gelingt, muss ihm der Gefangene widerstandslos ins Gefängnis folgen, bekommt sein Band aber zurück. Ein Spieler kann maximal einen Gefangenen begleiten, kann während der Überführung aber selbst gefangen genommen werden. In diesem Fall darf sein Gefangener fliehen.
   - Gefangene, die sich in einem Gefängnis befinden, können sich von anderen Spielern durch Abschlagen befreien lassen. Bündnisse mit einem anderen Stamm sind dabei erlaubt. Eine zweite Variante, sich aus dem Gefängnis zu befreien, ist es, sich durch geschickte Fangfragen oder Wortspiele von einem Wächter die Erlaubnis zum Fliehen zu holen.
   - Das eigene Lager bewachen. Dabei dürfen sich die Spieler eines Stammes allerdings nicht dauerhaft näher als 2 Meter an ihrem eigenen Gefängnis oder ihrer Schatzkammer aufhalten. Dieser Bereich darf nur betreten werden, um einen Gegner zu verfolgen oder einen Schatz oder Gefangenen abzuliefern.
2. Das Spiel wird nach Ablauf der zuvor vereinbarten Zeit durch ein lautes Pfeifen beendet. Ab diesem Moment dürfen keine Gefangenen mehr gemacht und keine

Schätze erobert werden. Die Mannschaft mit den meisten Schätzen und/oder Gefangenen gewinnt das Spiel.

Steigerungsform

Anstelle eines Gefängnisses kann es auch einen Bereich geben, in dem die Gefangenen an die Bäume gefesselt werden. Die Gefangenen können sich dann entweder durch Lösen der Fesseln selbst befreien oder sich durch Partner befreien lassen. Dadurch wird der Abenteuercharakter des Spiels noch einmal gesteigert. Es muss allerdings darauf geachtet werden, dass die Fesseln nicht zu fest angelegt werden.

Anmerkung

Bei diesem Spiel ist es sehr wichtig, zuvor einen Ehrenkodex festzulegen, der die Fairness des Spiels bewahrt. Dazu muss auch gehören, dass sich alle Spieler an die Regeln halten und niemanden verletzen. Zudem sollte betont werden, dass es bei diesem Spiel vor allem um geschickte Taktiken, nicht aber um eine brutale oder aggressive Spielweise geht.

Teil 6

Wahrnehmungsspiele

In diesem Teil ...

... dreht sich alles um das Thema Wahrnehmung und Aufmerksamkeit. Die Übungen und Spiele, die Sie hier kennenlernen, schulen und trainieren die Sinne Ihrer Teilnehmer und lassen diese zudem feinfühliger, empathischer und aufmerksamer werden. Zudem sind es Spiele, die insgesamt Ruhe in die Gruppe bringen und dafür sorgen, dass die Spieler nach actionreichen Aktionen wieder etwas herunterkommen.

Unser Weltbild wird heute zum Großteil durch digitale Medien bestimmt, die wir ausschließlich mit zwei Hauptsinnesorganen wahrnehmen können: den Augen und den Ohren. Dies hat zwei wesentliche Folgen. Unsere übrigen Sinne stumpfen ab, da wir sie vernachlässigen und nicht mehr trainieren. Sie spielen in unserem Leben nur noch eine untergeordnete Rolle. Unser Seh- und Gehörsinn werden durch die ständige Reizüberflutung blockiert. Damit wir uns bei allen Nebengeräuschen und visuellen Einflüssen überhaupt noch auf etwas konzentrieren können, blenden sie immer mehr Informationen aus.

So kommt es, dass wir nur noch einen geringen Bruchteil dessen wahrnehmen, was wir eigentlich aufnehmen könnten. Aus diesem Grund gehen uns sehr viele Wahrnehmungen verloren, und nach und nach verlieren wir den Bezug zu unserer Umwelt wie auch zu uns selbst.

Daher ist die Schulung der Wahrnehmungsfähigkeit von Kindern und Jugendlichen Grundprinzip aller indigenen Völker. Auch als Erwachsene behalten sie in dieser Hinsicht ein intensives Training bis ins hohe Alter bei. Denn nur wer aufmerksam ist, kann in der freien Natur überleben.

Die Wahrnehmungsspiele, die wir in diesem Kapitel zusammengestellt haben, trainieren die Sinne dabei auf unterschiedliche Weise:

- **Ausschalten eines dominanten Sinnes |** So wie die Überbeanspruchung unserer Augen und Ohren zur Schwächung unserer Sinneswahrnehmung führt, so können wir sie durch vorübergehendes Blind- oder Taub-Machen wieder schärfen. Sich blind im Gelände zu bewegen und zusätzlich Aufgaben zu erledigen, trainiert den Tast- und Gehörsinn, da diese jetzt die stärkste Orientierung bieten.

- **Stressabbau** | Stress und Hektik sorgen dafür, dass wir mit unseren Gedanken abdriften. Dadurch sinken unsere Aufmerksamkeit und Konzentrationsfähigkeit rapide. Natürliche Umgebungen und vor allem Wälder haben bereits von sich aus einen sehr beruhigenden und entspannenden Einfluss auf uns. Viele Spiele nutzen und verstärken diese Wirkung, sodass die Spieler ihre Aufmerksamkeit wieder mehr auf die Gegenwart lenken können.
- **Spielerisches Training der Aufmerksamkeit** | Durch verschiedene Aufgaben, die eine genaue Beobachtungsgabe, Aufmerksamkeit und Feingefühl verlangen, wird den Spielern ihre eigene Wahrnehmungsfähigkeit gespiegelt. Derartige Impulse wecken den Wunsch, die eigenen Fähigkeiten in diesem Bereich zu steigern und auszubauen.

Menschliche Kamera

Wirkung des Spiels

Die menschliche Kamera ist sowohl ein Vertrauens- als auch ein Wahrnehmungsspiel und eignet sich hervorragend, um eine ruhige stimmungsvolle Atmosphäre zu erzielen. Das Spiel kann auch sehr gut als ein Dankbarkeits- oder Abschlussritual eingesetzt werden, bei dem sich die Spieler gegenseitig mit einem schönen Erinnerungsbild bedanken.

Anleitung

1. Die Spieler finden sich immer zu zweit zusammen und bestimmen dabei wer Person A und wer B ist.
2. Person A bekommt eine Augenbinde und lässt sich nun von seinem Partner frei herumführen. Dabei darf nicht gesprochen werden.
3. Person B sucht schließlich einen Ort aus, den er schön oder ansprechend findet, bedeutet seinem Partner stehen zu bleiben und nimmt ihm für 5 Sekunden die Augenbinde ab.
4. A prägt sich dieses eine Bild wie eine Kamera möglichst genau ein, ohne dabei den Kopf oder die Augen zu bewegen.
5. Nach fünf Sekunden bekommt er die Augenbinde wieder auf und wird zum Ausgangspunkt zurückgeführt.
6. Anschließend wird gewechselt.

Anmerkung

Das Besondere an der menschlichen Kamera ist der sehr kurze Moment, in dem Aussicht wahrgenommen wird. Dadurch wird es vom Gehirn als etwas Besonderes erkannt und gut abgespeichert. Wenn Sie Ihrer Gruppe zutrauen, dass sie es schafft, die Augen im Gehen wirklich geschlossen zu halten, können Sie die Augenbinden weglassen, um diesem Moment nicht durch das Ab- und Aufsetzen zu verfälschen.

Achtung

Bei diesem Spiel ist es wichtig, dass die führenden Spieler verantwortungsvoll und achtsam mit ihren Schützlingen umgehen. Ansonsten kann es leicht passieren, dass sich einige Spieler unwohl fühlen und dadurch dass Vertrauen eher abnimmt als steigt.

Der Schatten der Bäume

Wirkung des Spiels

Das Spiel fördert die Wahrnehmungs- und Beobachtungsgabe und hilft den Spielern, einen stärkeren Bezug zur Natur aufzubauen. Es enthält Elemente aus dem sogenannten »Shadowing«, einer uralten Lernmethode, mit der sich die Menschen verschiedener Naturvölker ihr Wissen und Verständnis über die Natur angeeignet haben.

Naturerleben
Kreativität
Aufmersamkeit
Wahrnehmung

Ort	im Park, am Waldrand, auf einer Lichtung
Dauer	10-15 Min.
Altersstufe	ab 8 Jahre
Gruppengröße	4-30 Spieler
Material	keines

Anleitung

1. Bei vielen Spielern ist es hilfreich, Kleingruppen von max. acht Personen einzuteilen. Jede Gruppe sucht sich dann einen Platz, etwas abseits der anderen.
2. Ein Spieler beginnt und wählt sich im Stillen einen Baum in der Nähe aus, der von allen gesehen werden kann.
3. Er versucht nun, diesen Baum so gut wie möglich zu imitieren, stellt sich vor, wie er sich vielleicht fühlen könnte, wie stark oder schwach er mit dem Boden verwurzelt ist, beobachtet, was für eine Haltung er hat, wie er sich im Wind bewegt etc. und drückt dies mit seinem eigenen Körper aus.
4. Die anderen Spieler beginnen nun zu raten, welchen Baum er sich ausgewählt hat.
5. Wurde richtig getippt, ist der nächste Spieler als Schatten des Baumes an der Reihe.

Pantomimen-Post

Körpergefühl
Kommunikation
Kreativität
Wahrnehmung

Ort: überall
Dauer: 10-20 Min.
Altersstufe: ab 8 Jahre
Gruppengröße: 10-30 Spieler
Material: keines

Wirkung des Spiels

Dieses Spiel fördert die Beobachtungsgabe und die Aufmerksamkeit der Spieler. Zudem erhöht es die Sensibilität dafür, Gefühle und Stimmungen anderer anhand von Mimik und Gestik wahrzunehmen.

Anleitung

1. Die Teilnehmer stellen sich in zwei Reihen auf, die gemeinsam ein großes »V« ergeben, und blicken in Richtung der V-Öffnung. (Bei kleinen Gruppen reicht auch eine Reihe, während bei größeren auch mehrere gebildet werden können, die dann Sternförmig auseinander gehen.)
2. Sie selbst stehen hinter der Gruppe und geben den beiden Spielern, die Ihnen am nächsten stehen, ein Zeichen. Daraufhin drehen sich diese zu Ihnen um.
3. Zeigen Sie ihnen eine kurze Geste oder ein Standbild. Dabei kann es sich sowohl um ein willkürliches Bild als auch um eine dargestellte Emotion handeln.
4. Die Teilnehmer prägen sich dieses Standbild ein und geben es an die jeweils vorderen Teilnehmer weiter.
5. Nachdem das Bild die Reihen durchwandert hat, präsentieren es die letzten beiden Teilnehmer der ganzen Gruppe, um zu prüfen, wie sehr es dem Anfangsbild ähnelt.
6. In weiteren Durchgängen können die Teilnehmer auch selbst eigene Gesten und Standbilder einbringen.

Menschlicher Spiegel

Wahrnehmung
Feingefühl
Kommunikation
Vertrauen

Ort	überall
Dauer	5-10 Min.
Altersstufe	ab 8 Jahre
Gruppengröße	2-30 Spieler
Material	keines

Wirkung des Spiels

Dieses Spiel fördert die Wahrnehmungs- und Konzentrationsfähigkeit und erzeugt eine ruhige Atmosphäre. Zudem hilft es den Spielern, sich auf ihre Mitspieler einzulassen und Vertrauen zu ihnen aufzubauen.

Anleitung

1. Die Spieler finden sich immer in Paaren zusammen und legen eine Person A und eine Person B fest.
2. Beide Partner stellen sich einander gegenüber und heben die Hände vor die Brust, sodass sich die Handflächen jeweils etwa 10 cm entfernt von denen ihres Partners befinden.
3. Person A fängt nun an, langsame Bewegungen zu machen, zunächst mit den Händen, später mit dem ganzen Körper. Person B macht diese Bewegungen wie ein Spiegel zeitgleich mit.
4. Nach einiger Zeit wird gewechselt.
5. Bei der ganzen Übung sollte am besten nicht gesprochen werden.

Steigerungsform

Wenn jeder einmal geführt hat, kann eine feste Rollenzuschreibung wegfallen. Stattdessen kann der Folgende jederzeit beschließen, die Führung zu übernehmen, indem er aus der spiegelnden Bewegung in eine eigene übergeht. Das erfordert von beiden Seiten eine hohe Sensibilität, um sofort zu merken, wann die Führung wieder wechselt. Ziel dabei sollte es sein, dass von außen nicht erkennbar ist, wer von beiden der führende und wer der folgende Spieler ist.

Der Zauberstab

Wirkung des Spiels

Dieses Spiel schult das Feingefühl und die Fähigkeit, die Dynamik der Gruppe wahrzunehmen. Da es bei diesem Spiel auch um das gemeinsame Lösen einer Aufgabe geht, hat es zudem einen kooperativen Charakter und schult die Kommunikationsfähigkeit der Spieler.

Kooperation
Wahrnehmung
Kommunikation
Feingefühl

Ort	überall
Dauer	5-10 Min.
Altersstufe	ab 9 Jahre
Gruppengröße	8-30 Spieler
Material	einen oder mehrere leichte Stäbe, ca. 1,5 bis 2 m lang, ca. 1 cm Durchmesser(alternativ können auch Gymnastikreifen verwendet werden); Augenbinden

Anleitung

1. Die Gruppe stellt sich in zwei Reihen gegenüber auf und darf bis zum Ende des Spiels nicht mehr sprechen.
2. Sie halten einen Stab waagerecht, etwa auf Brusthöhe in die Mitte zwischen den Reihen.
3. Alle Spieler heben ihre beiden Zeigefinger und berühren damit die Unterseite des Stabes.
4. Nun lassen Sie den Stab los und die Gruppe bekommt die Aufgabe, den Stab auf dem Boden abzusetzen. Dabei darf keiner der Finger den Kontakt zum Stab verlieren.
5. Ist der Stab ganz am Boden ziehen alle gleichzeitig ihre Finger weg.
   Bei größeren Gruppen ist es hilfreich, sie in mehrere Einzelgruppen aufzuteilen.

Steigerungsformen

1. Die Gruppe bekommt Augenbinden und muss die Aufgabe blind bewältigen. Hierbei ist es vor allem interessant, das Spiel einmal mit und einmal ohne die Augenbinden zu spielen und anschließend zu vergleichen, was sich verändert hat.
2. Die Gruppe muss mit dem Stab eine bestimmte Strecke mit Hindernissen zurücklegen und ihn dabei immer wieder wellenförmig auf und ab befördern.

Anmerkung

Die Aufgabe wirkt zunächst sehr einfach, erweist sich aber als erstaunlich schwierig. Dadurch dass der Stab sehr leicht ist, ist sein Gewicht für den Einzelnen kaum noch spürbar. Das Bemühen aller, nicht den Kontakt mit ihm zu verlieren, sorgt deshalb dafür, dass er zunächst einmal nach oben steigt, trotzdem ihn alle zu Boden bringen wollen. Ihn tatsächlich nach unten zu bewegen, erfordert daher sehr viel Feingefühl sowohl für die eigene Fingerbewegung als auch für das Handeln der ganzen Gruppe.

Baumbegegnung

Wirkung des Spiels

Dieses Spiel fördert sowohl die Wahrnehmung und den Bezug zur Natur als auch das Vertrauen innerhalb der Gruppe.

Entspannen	▮▮
Wahrnehmung	▮▮▮▮
Vertrauen	▮▮▮
Naturerleben	▮▮▮

Ort	im Wald oder auf Wiesen mit vielen Bäumen
Dauer	10-15 Min.
Altersstufe	ab 8 Jahre
Gruppengröße	4-30 Spieler
Material	Augenbinden

Anleitung

1. Die Gruppe wird in Zweierteams aufgeteilt, die jeweils aus einem Spieler A und einem Spieler B bestehen.
2. Die Spieler überlegen sich eine Methode, mit der sie sich gegenseitig führen können, ohne dabei sprechen zu müssen. (Wichtig sind auch Hinweise auf mögliche Hindernisse.)
3. Dann bekommen alle Spieler A eine Augenbinde und lassen sich von ihren Partnern durch den Wald führen (am besten in einem zuvor festgelegten Umkreis).
4. Dabei sucht Spieler B einen Baum aus, an den er seinen Partner heranführt.
5. Dieser versucht nun, den Baum so gut wie möglich zu ertasten und sich das Gefühlte einzuprägen.
6. Wenn er meint, genug gefühlt zu haben, lässt er sich von Spieler B – ruhig über Umwege – zurück zum Ausgangspunkt führen.
7. Hier nimmt er die Augenbinde ab und versucht, den ertasteten Baum wiederzufinden. Dabei kann er im Wald umhergehen und Bäume, die infrage kommen, probeweise abtasten.
8. Wenn er seinen Baum gefunden hat, wird gewechselt und Spieler B bekommt die Augenbinde.

Anmerkung

Achten Sie darauf, dass die Spieler auch in der Phase, in der sie versuchen ihren Baum wiederzufinden, noch immer schweigen. Andernfalls wird es sehr leicht unruhig, und da nicht alle Spieler gleichzeitig fertig werden, stören sie sich gegenseitig.

Telepathisches Zählen

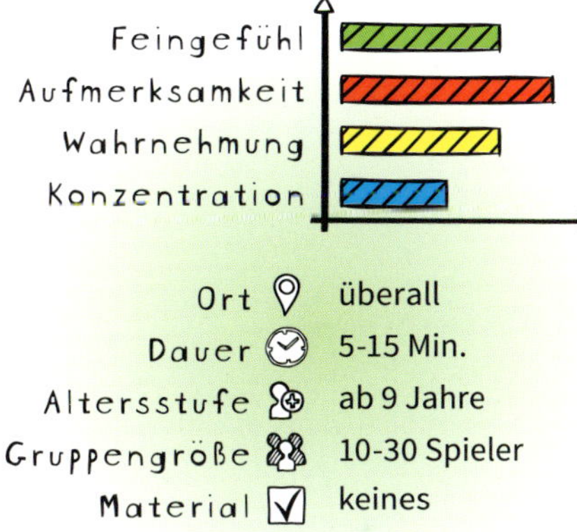

Wirkung des Spiels

Das Spiel schafft eine konzentrierte Atmosphäre und steigert die Sensibilität für leichteste Impulse in der Gruppe, da jeder genau abschätzen muss, wann es an ihm ist, etwas zu sagen und wann nicht. Gerade bei unruhigen Gruppen sowie bei Teilnehmern, die oft unsensibel mit den Bedürfnissen der anderen umgehen, kann das telepathische Zählen, wenn es regelmäßig gespielt wird, eine große Wirkung erzielen.

Ort	überall
Dauer	5-15 Min.
Altersstufe	ab 9 Jahre
Gruppengröße	10-30 Spieler
Material	keines

Anleitung

1. Die Gruppe steht willkürlich zusammen (keine Kreisform) und bekommt die Aufgabe, von »eins« bis zu einer festgelegten Zahl zu zählen, die mindestens der Gruppengröße entspricht.
2. Dabei gibt es folgende Regeln:
   - Jeder Spieler muss mindestens eine Zahl sagen.
   - Keine Zahl darf doppelt genannt oder ausgelassen werden.
   - Es darf keinerlei verbale oder nonverbale Absprachen darüber geben, in welcher Reihenfolge sich die Spieler einbringen.
3. Wird eine Zahl doppelt oder von zwei Spielern gleichzeitig genannt, muss die Gruppe wieder von vorne beginnen.

Steigerungsformen

1. Es wird nicht vorwärts, sondern rückwärts gezählt.
2. Es werden keine Zahlen, sondern das Alphabet aufgesagt. Auch hier können die Varianten vorwärts und rückwärts gewählt werden.

Blind-Line

Wirkung des Spiels

Dieses Spiel schult das »Sehen« mit den Händen und Füßen, also die Fähigkeit, einen Weg durch Tasten und Fühlen zu erkennen.

Gleichgewicht	
Naturerleben	
Wahrnehmung	
Konzentration	

- Ort: im Wald oder in einem Park
- Dauer: 20-40 Min.
- Altersstufe: ab 9 Jahre
- Gruppengröße: 8-30 Spieler
- Material: ein langes Seil oder eine feste Schnur, evtl. Tücher

Vorbereitung

- Spannen Sie ein Seil auf etwa Bauchhöhe der Spieler abseits der Wege kreuz und quer zwischen die Bäume. Dieses kann auch über kleinere und größere Hindernisse hinwegführen.
- Je nachdem wie gut die Wahrnehmung der Gruppe in diesem Bereich bereits ist, kann das Seil dabei einfach nur gespannt sein oder auch auf die Hindernisse hinweisen. Dafür können beispielsweise Tücher oder andere Gegenstände in das Seil eingeknotet werden.

Anleitung

1. Die Spieler bekommen Augenbinden und werden einzeln an den Beginn des Seiles herangeführt.
2. Hier tasten sie sich nun vorsichtig mit einer Hand am Seil entlang und achten dabei mit den Füßen auf Hindernisse am Boden. Die zweite Hand nehmen sie zum Schutz vor das Gesicht. Wichtig ist, dass sie dabei langsam gehen, um sich nicht an unbemerkten Barrieren zu stoßen oder durch sie zu stolpern.

Varianten

Um noch etwas mehr Spannung in das Spiel zu bekommen, können Passagen eingebaut werden, an denen die Spieler unter dem Seil durchtauchen und ab da an der anderen Seite entlanglaufen müssen. Diese Stellen können beispielsweise mit einem Knoten gekennzeichnet sein.

Der verschwundene Stock

Wirkung des Spiels

Das Spiel fördert die Wahrnehmung und gibt Anstöße zum genauen Beobachten und Zuhören.

Ort	im Wald
Dauer	15-20 Min.
Altersstufe	ab 9 Jahre
Gruppengröße	8-30 Spieler
Material	Feldmarkierungen (Seile o.ä.), einen ca. 20-30 cm langen Stock

Anleitung

1. Markieren Sie ein Feld auf dem Boden, das so groß ist, dass die Gruppe außen herum Platz findet. Der Boden sollte dabei ausreichend mit kleineren und größeren Ästen und Stöcken bedeckt sein. Stellen Sie sich dann selbst in die Mitte des Feldes.
2. Lassen Sie einen Stock herumgehen, mit der Bitte, dass sich jeder Spieler die Form, Größe und Besonderheiten des Stockes so gut wie möglich einprägen soll, um ihn später wiederzufinden.
3. Wenn alle an der Reihe waren, nehmen Sie den Stock wieder an sich und fordern die Gruppe auf, sich umzudrehen, sodass alle mit dem Rücken zum Feld stehen. Dabei teilen Sie Ihren Spielern mit, dass Sie den Stock irgendwo in dem Feld platzieren werden.
4. Tatsächlich aber legen Sie ihn nicht auf den Boden, sondern befestigen ihn sich so an Ihrem Körper, dass er zwar nicht allzu offensichtlich, aber dennoch gut sichtbar ist.
5. Nun darf sich die Gruppe wieder umdrehen und versuchen, den Stock ausfindig zu machen. Jeder sucht dabei für sich im Stillen.
6. Wer glaubt, den richtigen Stock gefunden zu haben, hebt die Hand und kann Ihnen seine Vermutung leise zuflüstern (wobei dieser natürlich nicht aus dem Feld treten darf. Wichtig ist dabei, dass Sie darauf achten, niemals aus dem Feld zu treten. Dies würden Ihnen die Spieler sonst hinterher vorwerfen, da der Stock dann nicht im angegebenen Bereich wäre.)
7. Wenn einer der Spieler schließlich den Blick hebt, ist die Euphorie darüber, den Trick erkannt zu haben, meist so groß, dass es alle anderen Spieler ebenfalls innerhalb kürzester Zeit mitbekommen.

Sekunden-Memory

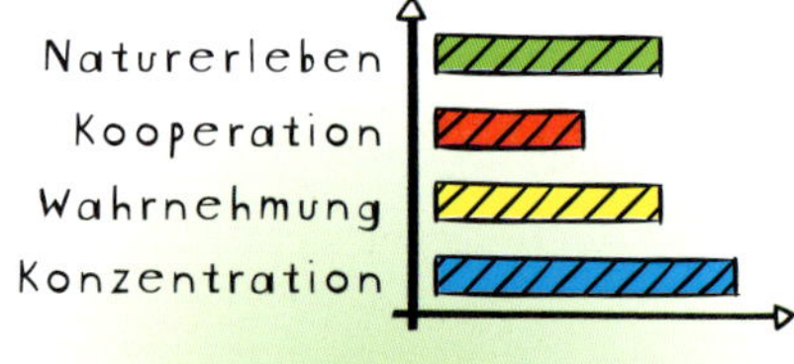

Ort: überall
Dauer: 20-30 Min.
Altersstufe: ab 9 Jahre
Gruppengröße: 10-25 Spieler
Material: drei große Tücher, verschiedenste kleine Gegenstände oder Naturmaterialien (Blätter, Steine, Früchte etc.)

Wirkung des Spiels

Dieses Spiel ist sowohl ein Wahrnehmungs- und Konzentrations- als auch ein Kooperationsspiel. Die Gruppe muss sich dabei gemeinsam eine Strategie überlegen, wie sie es schafft, möglichst viel in sehr kurzer Zeit wahrzunehmen und zu behalten. Dadurch wird zum einen der Zusammenhalt gefördert und zum anderen die Wahrnehmungs-, Konzentrations- und Erinnerungsfähigkeit der einzelnen Spieler.

Vorbereitung

Legen Sie ein Bild oder ein kleines Kunstwerk aus Natur- oder Alltagsgegenständen auf ein am Boden liegendes Tuch. Wenn sie fertig sind, decken Sie Ihr Werk vorsichtig mit einem zweiten Tuch ab und legen ein drittes daneben. Das Bild sollte dabei etwa drei- bis fünfmal so viele Gegenstände enthalten wie Spieler an diesem Spiel teilnehmen.

Anleitung

1. Die Gruppe versammelt sich um die Tücher und bekommt ca. 5 Minuten Zeit um sich eine Strategie zu überlegen, mit der sie die Aufgabe bewältigen will.
2. Nach Ablauf der Zeit decken Sie das von Ihnen gelegte Bild für 5 Sekunden auf. (Die Zeit kann je nach Gruppenstärke auch verlängert oder verringert werden.)
3. Nun haben die Spieler Zeit, um in der Umgebung nach identischen (bei Naturmaterialien ähnlichen) Gegenständen zu suchen und daraus auf dem dritten Tuch ein Bild zu legen, das möglichst genauso aussieht wie das erste.

Anmerkung

Das Spiel eignet sich auch gut als Einleitung für andere Aktionen. Wurde es mit Naturmaterialien gelegt, kann es beispielsweise ein spannender Einstieg in die Vermittlung von Wissen über Pflanzen, Tiere oder Steine sein, da die Spieler durch das Entdecken der Gegenstände bereits einen stärkeren Bezug dazu bekommen haben, der eine natürliche Neugierde weckt. (Je nach Seminarinhalt oder Veranstaltungsthema können natürlich auch alle anderen entsprechenden Gegenstände verwendet werden.)

Alternativ kann es ein weiteres Spiel vorbereiten, wenn Gegenstände verwendet werden, die die Spieler anschließend brauchen werden.

Blindenfußball

Action | Vertrauen | Kommunikation | Wahrnehmung

Ort	Sportplatz oder Sporthalle
Dauer	30-45 Min.
Altersstufe	ab 10 Jahre
Gruppengröße	12-30 Spieler
Material	Spielfeld- und Tormarkierungen, Augenbinden, einen großen Ball (je nach Schwierigkeitsgrad ein Gymnastikball, ein Softball o.ä.)

Wirkung des Spiels

Blindenfußball ist ein freudiges, turbulentes Spiel, das die Spieler meist wegen seiner Nähe zum beliebten Fußball stark begeistert und das sowohl das Vertrauen innerhalb der Gruppe als auch die Körpermotorik, den Gleichgewichtssinn, die Wahrnehmung und die Kommunikation stärkt.

Vorbereitung

1. Die Gruppe teilt sich in zwei Mannschaften. Innerhalb jeder Mannschaft sucht sich jeder Spieler einen Partner und klärt ab, welcher Spieler A und welcher B sein möchte.
2. Entsprechend der Gruppengröße wird ein Spielfeld abgesteckt, das dem eines Fußballfeldes gleicht, aber entsprechend kleiner ist.
3. Alle Spieler A bekommen nun Augenbinden und sprechen mit ihrem Partner Zeichen ab, mit denen sie sich verständigen können.
4. Für das Spiel gelten folgende Regeln:
   - Gespielt wird in Halbzeiten von 10 bis 15 Minuten. Nach der Halbzeit wechseln die Spieler, d.h. Spieler B wird blind, Spieler A führt.
   - Ziel ist es, so viele Treffer wie möglich ins gegnerische Tor zu erzielen, wobei für die Ballkontakte die gleichen Regeln wie beim echten Fußball gelten.
   - Der Ball darf allerdings nur von der blinden Person berührt werden, jeder Ballkontakt des Führenden führt zu einem Freistoß für den Gegner.
   - Wird der Ball ins Aus gespielt, darf einer der Führenden ihn zur Linie zurück bringen, eingeworfen werden muss er jedoch von einem Blinden.
5. Je nachdem wie groß die Mannschaften sind, kann entweder mit einem festen oder mit einem wechselnden Torwart gespielt werden. Im letzten Fall ist es jedem blinden Spieler erlaubt den Ball direkt vor dem Tor mit der Hand zu berühren.

Steigerungsform

Anstatt direkt mit den Spielern mitzulaufen, können die Führenden auch am Spielfeldrand stehen und ihre Partner lediglich durch Zurufe leiten. Dies erfordert eine sehr hohe Konzentration und genaue und klare Absprachen und wird vor allem bei größeren Gruppen schnell chaotisch. Gerade deswegen kann es aber mit einiger Übung und Vorbereitung eine sehr wirkungsvolle und spannende Variante sein.

Anmerkung

Um das Verletzungsrisiko zu minimieren, sollte der Spieler darauf achten, dass die Blinden ihr Gesicht mit den Händen schützen.

Teil 7

Vertrauensspiele

In diesem Teil ...

... lernen Sie Spiele kennen, mit denen Sie das gegenseitige Vertrauen Ihrer Gruppe fördern und steigern können. Dadurch gelingt es Ihnen, aus einer Gruppe von sich fremden Teilnehmern innerhalb kürzester Zeit ein Team zu machen, das sich beim gemeinsamen Lernen gegenseitig unterstützt. Außerdem erreichen Sie damit eine vertrauensvolle Atmosphäre, also einen geschützten Rahmen, in dem sich die Teilnehmer gut entwickeln können.

Gegenseitiges Vertrauen ist für eine Gemeinschaft, deren Mitglieder miteinander lernen und wachsen wollen, von entscheidender Bedeutung. Etwas Neues zu lernen, bedeutet immer auch Fehler zu machen und Schwächen zu zeigen. Man öffnet sich so seinen Mitmenschen und zeigt seine Schwachpunkte. Dies ist nur dann möglich, wenn man ihnen vertraut und sich in ihrer Gegenwart wohlfühlt.

Gegenseitiges Vertrauen bedeutet, sich auf die anderen verlassen und damit die Stärke aller nutzen zu können. Jemand, der nicht vertrauen kann, macht sich selbst zu einem Einzelkämpfer, der in allem eine Gefahr und Bedrohung sieht. Fehlendes Vertrauen zu den Mitmenschen wird bei vielen Kindern und Jugendlichen unweigerlich Ängste und Blockaden auslösen und sie dadurch in ihrer natürlichen Entwicklung hemmen.

Die Vertrauensspiele, die im folgenden Kapitel beschrieben werden, geben den Spielern die Möglichkeit, die Vertrauenswürdigkeit der anderen zu erleben und körperlich zu spüren. Dies setzt natürlich eine hohe Konzentration und Aufmerksamkeit der Spieler voraus sowie eine Ernsthaftigkeit, mit der sie an die Aufgaben herangehen. Als Spielleiter müssen Sie Ihre Gruppe daher sehr gut im Blick behalten und durch eine langsame Steigerung des Schwierigkeitsgrades an die Aufgaben heranführen.

Während die ersten Spiele eher ein leichtes Gefühl vermitteln, dass die Gruppe da ist, um einen zu halten, geht es bei den letzteren um ein reales Risiko, das durch das gemeinsame und verantwortungsbewusste Handeln der Gruppe abgehalten wird. Diese sind im Bezug auf die Vertrauenssteigerung wesentlich wirkungsvoller, müssen aber dementsprechend auch sehr gut vorbereitet werden.

Ähnlich wie bei den Kooperationsspielen ist auch bei den Vertrauensspielen wichtig, dass Sie bei der Anleitung die Ernsthaftigkeit der Herausforderungen in den Vordergrund stellen. Teilweise kann es dabei hilfreich sein, die Spiele nicht als Spiele, sondern als Aufgaben anzuleiten.

So stark wie die Erfahrung, dass einen die Mitspieler halten, fangen oder tragen das Vertrauen in sie stärken kann, so sehr kann ein Misslingen der Aktion auch traumatische Folgen haben. Achten Sie daher stets auf die Konzentration und die Stimmung in der Gruppe und unterbrechen sie die Aktion sofort, sobald Sie ein Absinken feststellen. Anstatt sehr langer Phasen mit Vertrauensspielen sind kurze Sequenzen, unterbrochen durch andere Spieltypen, empfehlenswerter.

Neben dem Vertrauen in die Mitspieler fördern die Spiele aber auch die eigene Körperwahrnehmung, setzen Hemmschwellen herab und helfen dabei, Ängste abzubauen. Dadurch, dass sich alle Spieler auf eine Art überwinden müssen, wird es für alle leichter, und mit den gemeinsam gelösten Herausforderungen steigt auch das Vertrauen in sich selbst.

Der torkelnde Tänzer

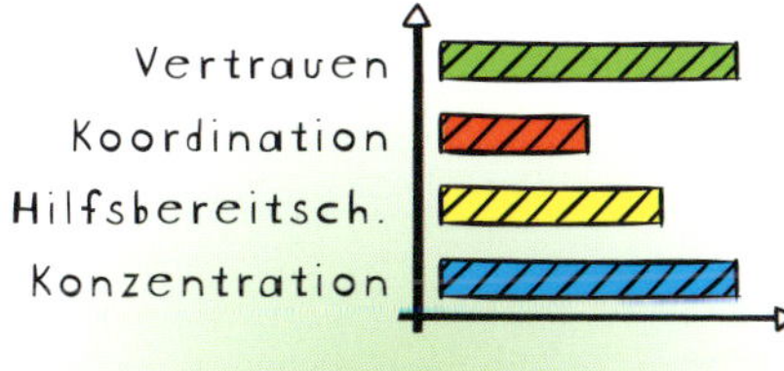

Ort	überall
Dauer	20-30 Min.
Altersstufe	ab 9 Jahre
Gruppengröße	8-30 Spieler
Material	keines

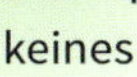

Wirkung des Spiels

Dieses Vertrauensspiel eignet sich bereits für Gruppen, bei denen das gegenseitige Vertrauen noch sehr gering ist. Es ist eine gute Vorübung für intensivere Vertrauensübungen, da es hierbei kein echtes Risiko für die vertrauenden Teilnehmer gibt.

Anleitung

1. Die Teilnehmer stellen sich in zwei Reihen gegenüber auf.
2. Ein Freiwilliger geht nun als torkelnder Tänzer zwischen den Reihen hindurch und kann sich dabei nach eigenem Ermessen beliebig oft nach links und rechts oder auch nach schräg vorne oder hinten fallen lassen.
3. Die Gruppe ist dabei die ganze Zeit darauf gefasst, den Tänzer aufzufangen, und bringt ihn sanft wieder in die Senkrechte.
4. Wenn der Tänzer am Ende angekommen ist, reiht er sich wieder in die Gruppe ein und der nächste Spieler kann beginnen.

Pendel

Vertrauen	
Konzentration	
Körperspannung	
Aufmerksamkeit	

Ort	überall
Dauer	10-15 Min.
Altersstufe	ab 9 Jahre
Gruppengröße	3-30 Spieler
Material	keines

Wirkung des Spiels

Dieses Spiel fördert zum einen das Vertrauen innerhalb der Gruppe, dadurch dass sich die Spieler von ihren Mitspielern auffangen lassen, und trainiert zum anderen die Körperspannung und die Konzentration.

Anleitung

1. Die Spieler finden sich in Dreiergruppen zusammen. Sie stellen sich so auf, dass sich zwei im Abstand von ca. 1,5 m gegenüberstehen und sich der dritte genau zwischen ihnen befindet.
2. Die beiden äußeren gehen leicht in die Knie und stellen ein Bein etwas nach hinten, sodass sie einen stabilen und sicheren Stand haben. Ihre Hände heben sie dabei auf Brusthöhe, sodass ihre Handflächen zur Mitte zeigen.
3. Der Spieler in der Mitte steht so, dass er mit dem Gesicht zu einem und mit dem Rücken zum anderen Partner steht, und spannt alle Muskeln im Körper stark an. Dabei kann er die Arme vor der Brust verschränken, indem er die Hände auf die jeweils gegenüberliegende Schulter legt.
4. Nun lässt er sich entweder nach hinten oder nach vorne fallen und wird dabei sanft von seinen Mitspielern aufgefangen und zurückgependelt.
5. Wenn er nach einiger Zeit genug hat, kann gewechselt werden.

Steigerungsform

Der Spieler in der Mitte kann während des Pendelns die Augen schließen und seinen Partnern damit im wahrsten Sinne des Wortes blind vertrauen.

Variante

Anstelle von Dreiergruppen können auch größere Gruppen gebildet werden. Dann stellen sich die Partner im Kreis um den pendelnden Spieler auf und können diesen nicht nur vorwärts und rückwärts, sondern zu allen Seiten hin pendeln.

Anmerkungen

Das Pendel ist auch eine gute Vorübung für andere Spiele, bei denen eine starke Körperspannung nötig ist, etwa für das Spinnennetz oder den Gefängnisausbruch.

Yurtenkreis

Vertrauen	
Feingefühl	
Gleichgewicht	
Körperspannung	

Ort	überall
Dauer	5-10 Min.
Altersstufe	ab 9 Jahre
Gruppengröße	8-30 Spieler
Material	keines

Wirkung des Spiels

Bei diesem Spiel geht es darum, mit der ganzen Gruppe eine Balance zu finden, wodurch neben dem Vertrauen in die Gruppe auch das Feingefühl und das eigene Gleichgewicht gefördert wird.

Anleitung

1. Die Gruppe steht im Kreis und hält sich an den Händen.
2. Sie weisen allen immer im Wechsel die Zahlen 1 und 2 zu. Achten Sie darauf, dass dies gerade aufgeht. Bei einer ungeraden Teilnehmerzahl müssen Sie deshalb mitspielen, bei einer geraden zusehen.
3. Auf Ihr Kommando hin lehnen sich alle Teilnehmer mit der Nummer 1 nach vorne und alle mit der Nummer 2 nach hinten. Dabei strecken sie die Arme komplett durch und bauen Körperspannung auf.
4. Wenn sich die Spieler dabei gut festhalten und alle genau spüren wie stark der Gegendruck in die andere Richtung ist, können sie sich so weit vor- bzw. zurücklehnen, dass die Arme eine waagerechte Linie bilden.
5. Anschließend begeben sich alle zunächst wieder in die senkrechte Position und lassen sich dann in die entgegengesetzte Richtung fallen.
6. Mit etwas Übung kann daraus eine gleichmäßige Pendelbewegung entstehen, ohne dass es in der Senkrechten zu einem Stillstand kommt.

Variante

Alle Spieler mit der Nummer 2 drehen sich im Kreis um, sodass sie mit dem Rücken zur Mitte stehen. Wenn die Gruppe nun pendelt, sehen entweder alle Richtung Boden oder können einander ansehen. Spannend ist es, wenn Sie beide Varianten ausprobieren und schauen, was es für einen Unterschied macht.

Achtung

Bei diesem Spiel müssen Sie gut darauf achten, dass sich die Spieler genau an Ihre Anweisungen halten, damit es nicht zu Stürzen kommt.

Blinde Kreuzung

Vertrauen
Wahrnehmung
Kommunikation
Gruppengefühl

Ort	überall
Dauer	10-20 Min.
Altersstufe	ab 9 Jahre
Gruppengröße	6-30 Spieler
Material	Augenbinden, Platzmarkierungen (Stühle, Sitzkissen o.ä.)

Wirkung des Spiels

Das Spiel trainiert die Balance zwischen dem Verfolgen eigener Ziele und der Rücksicht auf die Bedürfnisse der anderen. Zudem nimmt es Berührungsängste und fordert eine vertraute und positive Gruppenatmosphäre.

Anleitung

1. Die Spieler stehen im Kreis und bekommen eine Augenbinde.
2. Auf Ihr Kommando gehen alle Spieler gleichzeitig von ihrem Platz aus auf die gegenüberliegende Seite. Dabei versuchen sie, sich möglichst nicht durch die anderen von ihrem Weg abbringen zu lassen, dürfen diese jedoch auch nicht aus ihrer Bahn drängen.
3. Wenn alle Spieler angekommen sind, spielen Sie (evtl. nach einer kurzen Zwischenreflexion) eine zweite Runde, bei der jeder versucht, schneller zu sein als beim ersten Mal. Dabei darf natürlich niemand seine eigene Sicherheit oder die der anderen gefährden.

Steigerungsform

Die Spieler stehen nicht im Kreis, sondern sitzen auf markierten Plätzen und müssen am Ende auch wieder auf einem Platz sitzen. (Vorsicht bei Stühlen wegen der Stoß- und Stolpergefahr). Die Steigerung besteht jetzt darin, dass die Spieler nach der Erreichung der gegenüberliegenden Seite nun auch noch einen freien Platz finden müssen.

Blinde Raupe

Wirkung des Spiels

Bei der blinden Raupe gibt sich die ganze Gruppe in die Obhut eines Einzelnen, der sie sicher durch einen Parcours führt. Dadurch ist das Spiel vor allem dann sehr wirkungsvoll, wenn es einzelne Spieler gibt, die in der Gruppe eine schwierige Position haben. Gleichzeitig fördert das Spiel auch die Kommunikation und die Fähigkeit genaue Absprachen zu treffen.

Entspannung
Naturerleben
Wahrnehmung
Vertrauen

Ort	überall
Dauer	20-30 Min.
Altersstufe	ab 9 Jahre
Gruppengröße	8-30 Spieler
Material	Augenbinden, Gegenstände um einen Hindernisparcours zu bauen (Seile, Kisten, Stühle, Matten o.ä.)

Anleitung

1. Bauen Sie zunächst einen längeren Parcours auf, der sowohl als Slalomstrecke um Hindernisse herum als auch über sie hinweg oder unter ihnen hindurchführen kann.
2. Die Gruppe stellt sich wie in einer Polonäse hintereinander auf und legt dem jeweiligen Vordermann die Hände auf die Schultern. Alle bis auf den letzten Spieler in der Reihe bekommen nun die Augen verbunden.
3. Der Letzte der Reihe hat die Aufgabe, seine Gruppe sicher durch den Parcours zu lotsen, wobei sich die Spieler während der ganzen Aktion nicht loslassen dürfen.
4. Nach etwa einer Minute klinkt sich der Erste aus der Reihe aus und wartet, bis die Gruppe an ihm vorbeigezogen ist. Dann nimmt er seine Augenbinde ab, gibt sie dem Spieler, der bislang die Gruppe geführt hat, und übernimmt selbst die Führungsrolle.

Steigerungsform

Während des ganzen Spiels darf nicht gesprochen werden. Der Führende kann die Gruppe also nur mittels körperlicher Zeichen (leichtes Drücken oder Ziehen der Schultern o.ä.) leiten. Um hilfreiche und für alle verständliche Zeichen zu finden, hat die Gruppe vor Spielbeginn ca. 5 Min. Beratungs- und Planungszeit.

Pharao

Wirkung des Spiels

Bei diesem Vertrauensspiel geht es darum, symbolisch von der Gruppe getragen zu werden. Dabei trainieren die Spieler außerdem ihre Körperspannung.

Vertrauen	██████████
Kommunikation	█████
Körperspannung	████████
Konzentration	████████

Ort	überall
Dauer	10-15 Min.
Altersstufe	ab 10 Jahre
Gruppengröße	9-30 Spieler
Material	evtl. eine Decke

Anleitung

1. Ein Spieler legt sich flach auf den Rücken und macht sich steif wie ein Brett, indem er alle Muskeln seines Körpers anspannt.
2. Die anderen Spieler verteilen sich gleichmäßig um ihn herum und legen die Hände unter ihn. Wichtig ist, dass mindestens ein Spieler den Kopf hält.
3. Auf Ihr Kommando heben alle gleichmäßig und vorsichtig die liegende Person nach oben bis auf Bauchhöhe und, wenn sie möchte, sogar noch darüber hinaus bis über die Köpfe hinweg.
4. Nachdem sie genauso behutsam wieder abgelegt wurde, ist der nächste Spieler an der Reihe.

Anmerkungen

Bei großen Gruppen ist es hilfreich Kleingruppen von mindestens 9 Personen einzuteilen.

Kollektive Ohnmacht

Vertrauen
Hilfsbereitsch.
Reaktion
Aufmerksamkeit

Wirkung des Spiels

Dieses Spiel fördert neben dem Vertrauen in die Gruppe auch die Hilfsbereitschaft und spontanes Handeln.

Ort	überall
Dauer	10-15 Min.
Altersstufe	ab 9 Jahre
Gruppengröße	10-30 Spieler
Material	eine Musikanlage oder ein Musikinstrument

Anleitung

1. Sie ordnen den Teilnehmer reihum Zahlen zu, je nach Gruppengröße von 1 bis 3, 4 oder 5.
2. Anschließend laufen die Teilnehmer kreuz und quer zur Musik durch den Raum und bleiben, wenn diese stoppt, abrupt stehen.
3. Sie rufen nun eine Zahl, worauf hin alle, die diese Zahl haben, durch Schreien oder Wehklagen darauf aufmerksam machen, dass sie nun bald in Ohnmacht fallen werden. Die übrigen Spieler müssen nun so schnell wie möglich zu den Schreienden rennen, diese auffangen und sanft auf dem Boden ablegen. Dabei ist es wichtig, dass die »Ohnmächtigen« nicht einfach umfallen, sondern sich erst fallen lassen, wenn ein Helfer in der richtigen Position steht. Dabei sollten sie zudem eine möglichst hohe Körperspannung aufbauen.
4. Wenn alle Ohnmächtigen sicher gefangen und abgelegt wurden, können sie wieder aufstehen und es beginnt eine weitere Runde.

Steigerungsformen

1. Sie können auch mehrere Zahlen in einer Pause gleichzeitig rufen. Dadurch entsteht dann ein Ungleichgewicht, durch das die Helfer mehr zu tun bekommen und das neue Spannung ins Spiel bringt.
2. Wenn die Musik läuft, haben die Spieler ihre Augen geschlossen und gehen blind durch den Raum. Die Ohnmächtigen können ihre Augen die ganze Zeit geschlossen halten, die Helfer müssen sie zum Auffangen allerdings wieder öffnen.

Baumriesen

Wirkung des Spiels

Baumriesen ist ein schönes Spiel, um die Gruppe etwas zu beruhigen und herunterzubringen. Es wirkt entspannend auf die Spieler und stärkt das gegenseitige Vertrauen.

Vertrauen
Hilfsbereitsch.
Reaktion
Aufmerksamkeit

Ort	überall
Dauer	20-30 Min.
Altersstufe	ab 8 Jahre
Gruppengröße	ab 6 Spieler
Material	weiche, angenehme Unterlage (Decken, Matten o.ä.); evtl. beruhigende, atmosphärische Musik

Anleitung

1. Um die Atmosphäre des Spiels nicht zu zerstören, sollte während der ganzen Aktion geschwiegen oder maximal geflüstert werden.
2. Die Gruppe wird in zwei Hälften geteilt, von denen die eine zu Baumriesen wird, die andere zu Förstern.
3. Die Baumriesen verteilen sich möglichst gleichmäßig im Raum, schließen die Augen und stellen sich vor, sie seien uralte Bäume, die in einem leichten Wind hin und her wiegen. Nach einiger Zeit wird der Wind stärker und wird zu einem Sturm, der droht, die Bäume umzuwerfen.
4. Die Förster gehen nun – aufgeteilt in Kleingruppen von mindestens vier Spielern – im Raum umher und »fällen« die umsturzgefährdeten Bäume.
5. Dazu tippen sie einen der Baumriesen an, woraufhin sich dieser steif macht und alle seine Muskeln anspannt. Dann kippen sie ihn vorsichtig nach hinten um und fangen ihn auf.
6. Auf den Armen liegend werden die Bäume eine Weile hin- und hergewogen, so als würden sie im Wasser eines Flusses treiben.
7. Schließlich werden alle Bäume nebeneinander auf die weiche Unterlage gelegt und können mit weiterhin geschlossenen Augen entspannt liegenbleiben.
8. Wenn alle Baumriesen liegen, wird die Hintergrundmusik ausgeblendet, und nach einer eventuellen kurzen Zwischenreflexion tauschen die Spieler die Rollen.

Blinde Wanderer

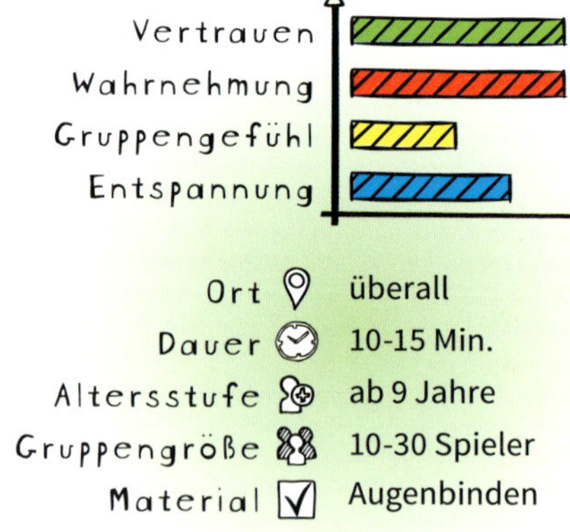

Wirkung des Spiels

Dieses Spiel ist sowohl ein Vertrauens- als auch ein Wahrnehmungsspiel, bei dem sich ein Teil der Spieler von seinen Mitspielern leiten lässt. Dabei übernehmen die sehenden Teilnehmer die Verantwortung für ihre »blinden« Kameraden, was insgesamt einen positiven Einfluss auf das gegenseitige Vertrauen in der Gruppe hat.

Anleitung

1. Einige Freiwillige (etwa 1/4 bis 1/5 der Gruppe) bekommen eine Augenbinde und gehen nun kreuz und quer durch den Raum. (Die Arme sollten dabei das Gesicht schützen.)
2. Die anderen verteilen sich im Raum und bilden Hindernisse oder Begrenzungen zur Wand oder zum Spielfeldrand.
3. Wenn ein blinder Wanderer auf einen Sehenden zukommt, kann dieser ihn mit verschiedenen Geräuschen seiner Wahl, aber ohne Worte, auf sich aufmerksam machen.
4. Dabei können die menschlichen Hindernisse ihre Plätze auch immer wieder einmal wechseln und an anderer Stelle auftauchen.

Steigerungsform

Die Blinden laufen nicht nur umher, sondern haben einen festen Startpunkt und ein Ziel, das sie erreichen müssen. Die Sehenden teilen sich dabei in 2 Gruppen auf, von denen eine versucht, die Blinden an ihr Ziel heranzuführen, und die andere ihnen den Weg möglichst zu verbauen. Um das Spiel nicht ausufern zu lassen, kann es hier hilfreich sein, die Anzahl der Platzwechsel, die die Hindernisse machen dürfen zu begrenzen.

Seiltanz

Wirkung des Spiels

Dieses Spiel zeigt, dass die ganze Gruppe jeden Einzelnen ihrer Mitglieder tragen kann, wenn alle dabei mithelfen, und es verdeutlicht, wie leicht etwas durch den Zusammenhalt werden kann. Dadurch stärkt es das Vertrauen der Einzelnen in die Gruppe.

Vertrauen	██████████
Gruppengefühl	███████
Teamgeist	█████
Konzentration	█████

Ort	überall
Dauer	15-30 Min.
Altersstufe	ab 10 Jahre
Gruppengröße	15-30 Spieler
Material	statisches Kletterseil

Anleitung

1. Die Gruppe steht im Kreis und bekommt von Ihnen ein Seil gereicht, das alle mit beiden Händen festhalten. Verknoten Sie dabei die beiden Seilenden mit einem sicheren Knoten.
2. Nun lehnen sich alle nach hinten, sodass das Seil auf Spannung ist.
3. Vor der eigentlichen Aufgabe können noch einige Vorübungen gemacht werden, um das Vertrauen in das Seil zu stärken:
   - Alle gehen mit den Füßen etwas nach innen und lehnen sich so weit wie möglich nach außen. Dabei kann sich die Gruppe auch langsam im Kreis drehen.
   - Alle gehen in den Seilkreis und lehnen sich mit dem unteren Rücken gegen das Seil. Wenn genug Spannung aufgebaut ist, kann es dabei auch losgelassen werden.

4. Dann nehmen alle wieder ihre ursprüngliche Position ein und bringen das Seil auf Spannung.
5. Ein Freiwilliger steigt nun mit Ihrer Hilfe auf das Seil und läuft darauf eine Runde. Dabei wird er die ganze Zeit von Ihnen begleitet, sodass Sie ihn jederzeit fangen oder abstützen können, falls dies nötig sein sollte. Um das Gleichgewicht zu halten, kann sich der Balancierende an den Köpfen der Haltenden abstützen.
6. Wichtig ist bei dem Spiel, dass auch die Spieler, die sich gerade auf der gegenüberliegenden Seite des Kreises befinden, die Spannung aufrechterhalten, da es sonst für die, die sich in der Nähe des Balancierenden befinden wesentlich schwerer wird.
7. Wenn der Freiwillige einen kompletten Kreis gelaufen ist, kann gewechselt werden.
8. Da das Spiel für die Gruppe sehr anstrengend ist, sollte die Zahl derer, die balancieren, begrenzt werden. Wenn alle Spieler einmal balancieren wollen, kann das Spiel dann zu einem späteren Zeitpunkt wiederholt werden.

Anmerkung

Wenn die Spieler konzentriert dabei sind, können sie auf diese Weise sogar Menschen tragen, die wesentlich schwerer sind als sie selbst. Das bedeutet, dass auch Sie als Spielleiter durchaus einmal balancieren können, was für die Gruppe meist einen besonderen Reiz hat.

Vertrauensfall

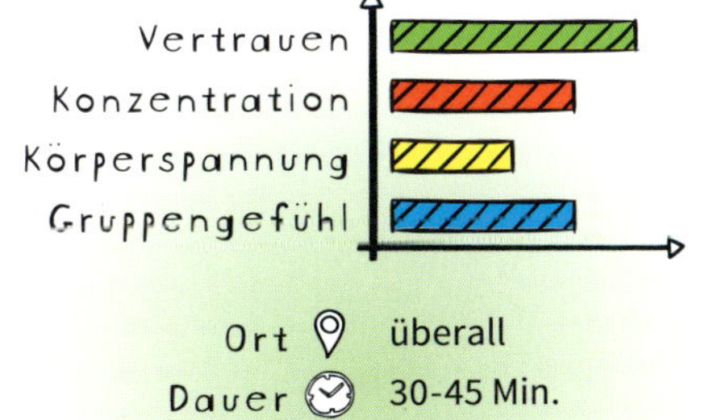

Wirkung des Spiels

Dies ist eines der wirkungsvollsten und tiefgreifendsten Vertrauensspiele und kann, wenn es intensiv vor- und nachbereitet wird, einen nachhaltigen, intensiven Eindruck auf die Spieler und die Gruppe hinterlassen.

Ort: überall
Dauer: 30-45 Min.
Altersstufe: ab 10 Jahre
Gruppengröße: 10-30 Spieler
Material: ein Sockel, ein Tisch, eine Leiter oder vergleichbares, auf das die Teilnehmer steigen können, sodass sie sich mit den Füßen etwa auf Hüft- bis Bauchhöhe der anderen Spieler befinden

Anleitung

1. Die Teilnehmer stellen sich in zwei Reihen gegenüber auf, sodass die ersten direkt hinter dem Sockel stehen. Die Hände strecken sie dabei nach vorne aus, sodass die Handflächen nach oben zeigen und eine Art Reißverschluss bilden. Jede Hand befindet sich also zwischen zwei Händen aus der gegenüberliegenden Reihe.
2. Ein Freiwilliger beginnt und steigt auf den Sockel, wobei er sich mit dem Rücken zur Gruppe stellt.

3. Sie fragen zunächst die Gruppe, ob sie bereit ist, dann den Freiwilligen. Wenn beide mit »Ja« antworten, geben Sie ein Startsignal.
4. Der Freiwillige lässt sich daraufhin nach hinten fallen, wobei er seinen ganzen Körper anspannt.
5. Nachdem der Freiwillige gefangen wurde, wird er von der Gruppe noch eine Weile hin- und hergewogen und schließlich sanft abgesetzt. Er kann nun zunächst eine kurze Pause machen, sich von der Gruppe zurückziehen und den Fall auf sich wirken lassen. Anschließend reiht er sich in die Gruppe der Fangenden ein.

Achtung

Der Vertrauensfall ist ein Vertrauensspiel, das bereits ein gewisses Grundvertrauen in der Gruppe voraussetzt, und sollte nicht bei Gruppen mit großen Spannungen oder unterschwelligen Konflikten gespielt werden. Sie müssen bei diesem Spiel die Konzentration der Gruppe gut im Auge behalten und notfalls eine Pause einbauen, um das Risiko eines Sturzes durch unaufmerksame Fänger auszuschließen. Wichtig ist auch, dass Sie deutlich machen, dass das Fallen freiwillig ist, damit sich niemand unter Druck gesetzt fühlt.

Teil 8

Kooperationsspiele

In diesem Teil ...

... stellen wir Ihnen eine Auswahl der wirkungsvollsten Kooperationsspiele vor, mit denen Sie Ihre Gruppe zu einem festen Team zusammenschweißen und gleichzeitig Konfliktbereiche und Problemzonen sichtbar machen können.

Kooperationsspiele sind Problemlösungsaufgaben, die von einer Gruppe nur dann bewältigt werden können, wenn alle Mitglieder zusammenarbeiten.

Durch unsere leistungsorientierte Lebensweise haben wir oft die Ansicht, dass wir besser sein müssen als unsere Mitmenschen, und führen daher einen sehr konkurrenzbetonten Lebensstil. Bereits das Schulsystem ist auf diesem Prinzip aufgebaut. Jeder Einzelne wird für seine Leistungen durch Noten belohnt oder bestraft. Durch den ständigen Vergleich entsteht ein immenser Leistungsdruck auf den Spielern, der sich bis zur Berufsausbildung oder zum Studium hinzieht. Bis zu einem bestimmten Maß ist das für die Entwicklung und die Selbsteinschätzung auch hilfreich. Allerdings bleibt dabei die Fähigkeit der Kooperation, des gemeinschaftlichen Handelns und des Einbringens der eigenen Fähigkeiten in die Gruppe oftmals auf der Strecke. Gerade diese Fähigkeiten sind jedoch für unseren Erfolg im Leben von zentraler Bedeutung. Sie sind die Grundlagen eines harmonievollen und konstruktiven Zusammenlebens und -arbeitens, sowohl im Arbeitskontext als auch im Familienkreis und in der Freizeit.

Die Kooperationsspiele im folgenden Kapitel stellen typische Anforderungen an eine Gruppe, die immer wieder auch bei den unterschiedlichsten Alltagsaufgaben gefordert werden. Folgende Aspekte werden durch die Kooperationsspiele gefördert: klare Absprachen, gegenseitige Akzeptanz, Vertrauen, Kommunikations- und Kritikfähigkeit, gemeinsames Entwickeln und Umsetzen kreativer Lösungen, Umgang mit Schwierigkeiten, Rückschlägen und Frustrationen, Kompromissbereitschaft und Vereinbaren unterschiedlicher Meinungen, Offenheit, Experimentierfreude, Risikobewusstsein und Lernbereitschaft.

Bei der Anleitung der Kooperationsspiele sollten Sie als Spielleiter folgende Punkte beachten:

Angemessener Schwierigkeitsgrad

Einer der Gründe, warum Computerspiele so beliebt sind, ist die perfekte Dosierung des Schwierigkeitsgrades. Je besser der Spieler wird, desto schwieriger wird das Spiel, sodass er das Gefühl hat, ständig zu wachsen. Nach und nach kann er jede Herausforderung meistern, ohne damit über- oder unterfordert zu sein. Gelingt Ihnen die richtige Dosierung des Schwierigkeitsgrades bei den Kooperationsspielen, ist der Wirkungseffekt am höchsten. Wählen Sie den Schwierigkeitsgrad der Spiele daher so aus, dass die Spieler das Ziel gerade so erreichen können. Achten Sie darauf, dass Sie die Gruppe nicht überfordern, und steigern Sie den Schwierigkeitsgrad stetig entsprechend der wachsenden Fähigkeiten.

Absicht und Ernsthaftigkeit

Um wirklich an einem Kooperationsspiel wachsen zu können, brauchen die Teilnehmer eine ernsthafte, innere Absicht, die Aufgabe lösen zu wollen. Als Spielleiter besteht Ihre wichtigste Aufgabe darin, das Spiel so anzuleiten, dass die Spieler die Bewältigung der Herausforderung als ihre persönliche Mission ansehen. Je nach Alter der Gruppe gibt es unterschiedliche Wege, diese Absicht zu kreieren. Bei Kindern und jüngeren Jugendlichen (bis etwa 12 Jahre) ist es am wirkungsvollsten, die Spiele in eine Spielgeschichte einzubetten. Je spannender die Geschichte dabei erzählt wird, umso besser nehmen die Kinder die Aufgabe an. Bei älteren Spielern, die sich nicht mehr ohne weiteres in eine Fantasiewelt hineinbegeben können, brauchen Sie einen neuen Weg. Hier müssen Sie Ihre eigene Absicht auf die Spieler übertragen. Nur wenn Sie selbst die Aufgabe absolut ernst nehmen und den Sinn dahinter verkörpern, kann Ihr eigens entwickeltes Regelwerk bis ins letzte Detail durchgesetzt werden. Die Ernsthaftigkeit muss von den Spielern zu jeder Zeit wahrgenommen und akzeptiert werden.

Zeitlicher Rahmen

Kooperationsspiele brauchen, wenn man sie mit einer Gruppe ernsthaft durchführen will, vor allem viel Zeit. Die Zeitangaben bei den einzelnen Spielen sind Durchschnittswerte. Die reale Spielzeit kann, besonders bei großen Gruppen, sehr stark abweichen.

Wenn Sie nur eine begrenzte Zeit zur Verfügung haben, kann es deshalb sein, dass Sie das Spiel unterbrechen und zu einem späteren Termin fortsetzen müssen. Dabei sollten Sie aber unbedingt eine Zwischenreflexion mit einbauen. Das Abbrechen eines Spieles, ohne dass die Spieler die Aufgabe gelost haben, sollte hingegen keine Option sein. Dadurch gehen die Teilnehmer frustriert aus dem Spiel heraus und die Weiterentwicklung wird durch die negative Erfahrung gehemmt. Außerdem entgleitet Ihnen dann die bereits erwähnte Ernsthaftigkeit.

Reflexion

Wichtiger noch als bei den anderen Spieltypen ist bei Kooperationsspielen eine Reflexion des Prozesses. Diese kann sowohl am Ende als auch immer wieder zwischendurch angeleitet werden. Im Lösungsprozess kommt es zu einer Vielzahl an Schlüsselerlebnissen, bei denen alte blockierende Strukturen sichtbar werden. Oft verhalten sich die Spieler auch auf eine Art, die sie von sich selbst nicht kennen. Dies geschieht jedoch meist unbewusst. Durch eine abschließende Reflexion kann es dann noch einmal aufgearbeitet und verdeutlicht werden. Dadurch kann ein Impuls für eine nachhaltige Veränderung entstehen.

Wir haben zu einigen Spielen in diesem Kapitel mögliche Lösungsansätze aufgeschrieben. Diese sind nur für Sie als Spielleiter gedacht, um eine Vorstellung davon zu bekommen, wie die Aufgaben bewältigt werden können. Oftmals werden von den Teilnehmern aber gänzlich andere Lösungen gewählt, die mindestens genauso gut sein können.

Brennende Liane

Wirkung des Spiels

Dies ist ein kleineres Kooperationsspiel ,das gut als Einstieg oder Vorbereitung für komplexere Aufgaben gespielt werden kann. Es ist sehr hilfreich, um sich als Spielleiter einen Eindruck darüber zu verschaffen, wie gut die Gruppe bereits zusammenarbeitet, Lösungen findet und mit Problemen umgehen kann.

Kooperation
Konzentration
Kommunikation
Anspruch

Ort: überall
Dauer: 15-30 Min.
Altersstufe: ab 7 Jahre
Gruppengröße: 8-30 Spieler
Material: ein langes Springseil, eine Stoppuhr; evtl. eine Säule oder etwas Stabiles, an dem das Seil befestigt werden kann, wenn Sie keinen Partner oder Assistenten zur Seite haben, einen ausreichend großen Seminarraum

Anleitung

1. Sie halten ein Ende eines langen Springseils. Das andere sollte entweder von einem zweiten Spielleiter gehalten oder auf Bauchhöhe an einem stabilen Punkt befestigt werden. Das Seilende einem Teilnehmer zu geben, ist nicht ratsam, da dieser dann aus dem Gruppenprozess um die Aufgabenbewältigung ausgeschlossen wird.
2. Alle Spieler stehen links vom Seil und haben die Aufgabe, auf die andere Seite zu wechseln, während das Seil gegen den Uhrzeigersinn geschwungen wird.
3. Wird das Seil beim Durchqueren berührt, müssen alle Spieler noch einmal von vorne beginnen.
4. Das Spiel ist am interessantesten, wenn es in mehreren Levels gespielt wird. Diese können beispielsweise folgendermaßen aussehen:
   - Während die Gruppe das Seil durchquert, muss die ganze Zeit über ein Spieler im Seil springen. Erst wenn alle auf der anderen Seite sind und wenn auch der Springer das Seil verlassen hat, wurde das Level gemeistert.
   - Die Gruppe hat für die Durchquerung nur einen kurzen Zeitrahmen (eine Zeitvorgabe, die sich als spannend, aber nicht überfordernd herausgestellt hat, ist etwa halb so viele Sekunden wie Spieler).
   - Es müssen immer zwei Spieler gleichzeitig durch das Seil laufen und sich dabei an den Händen festhalten. Wenn das Seil lang genug ist, kann die Anzahl der Spieler gesteigert werden. Als Extremvariante können schließlich alle Teilnehmer gleichzeitig durchlaufen.

- Es muss in einem vorgegebenen Rhythmus gelaufen werden, beispielsweise immer zwei Spieler, dann ein Leerschlag usw. Bei dieser Variante sind Ihrer Fantasie keine Grenzen gesetzt ...
- Das Seil wird im Uhrzeigersinn geschwungen. Dadurch können die Teilnehmer nicht mehr durchlaufen, sondern müssen mindestens einmal springen.

Hinweis

Um insgesamt noch etwas mehr Spannung in das Spiel zu bringen, können Sie vorgeben, dass ihnen zur Erfüllung aller Aufgaben immer nur 3 scharfe Versuche zur Verfügung stehen, die sie zuvor ankündigen müssen. Die Gruppe kann dann zunächst üben, bis sie der Meinung ist, gut genug zu sein, um einen ernsthaften Versuch zu unternehmen.

Achtung

Es kann bei dem Spiel passieren, dass einzelne Spieler, die vielleicht öfter das Seil berühren als andere, von der Gruppe in eine Sündenbockposition gerückt werden. Daher ist es sehr wichtig, die Gruppe genau zu beobachten und derartige Tendenzen frühzeitig aufzugreifen und zu reflektieren. Auf diese Weise können nicht selten unterschwellige Konflikte an die Oberfläche kommen und bearbeitet werden.

Baumstammsortieren

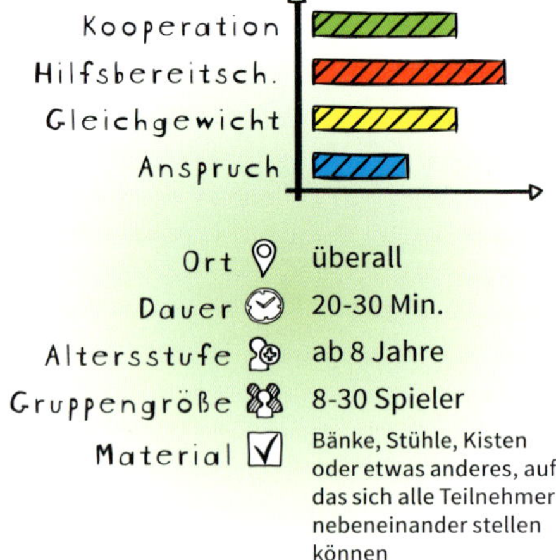

Wirkung des Spiels

Das Baumstammsortieren ist ein einfaches Kooperationsspiel, bei dem es noch nicht um das herausfinden einer komplexen Lösung geht. Die Spieler müssen sich jedoch gegenseitig helfen und festhalten. Das Spiel vermittelt den Teilnehmern ein Gefühl dafür, wie viel leichter eine Lösung sein kann, wenn man sich gegenseitig hilft. Zudem schult es die Koordination, den Gleichgewichtssinn und die Konzentrationsfähigkeit.

Anleitung

1. Die ganze Gruppe stellt sich auf nebeneinander stehende Stühle oder auf etwas Vergleichbares.
2. Nun müssen sich die Spieler anhand einer Vorgabe sortieren. Dabei dürfen sie zu keiner Zeit die Stühle verlassen oder den Boden berühren.
3. Als Vorgaben bieten sich folgende Möglichkeiten an:
   - alphabetisch nach Vornamen
   - nach Geburtsdatum
   - nach Größe
   - nach Augenfarbe, Haarlänge, Schuhgröße etc.
4. Verlässt ein Spieler den Baumstamm, so kommt er zu Ihnen und lässt sich an einer anderen Stelle wieder einsortieren. Hierbei können die Schwierigkeiten variieren, in dem Sie Plätze auswählen, die mehr oder weniger weit vom Ziel des Spielers entfernt liegen.

Steigerungsform

Die Spieler dürfen während der ganzen Aktion nicht sprechen. Reden hat dann den gleichen Effekt wie das Berühren des Bodens. Dadurch wird nicht nur die Schwierigkeit erhöht, sondern auch die Konzentration gesteigert.

Der gordische Knoten

Wirkung des Spiels

Mit diesem Kooperationsspiel können Sie Berührungsängste innerhalb der Gruppe abbauen. Gleichzeitig können Sie die Kommunikation innerhalb der Gruppe noch einmal auf eine neue Weise gestalten und trainieren.

Kooperation
Koordination
Gruppengefühl
Anspruch

Ort: überall
Dauer: 15-20 Min.
Altersstufe: ab 9 Jahre
Gruppengröße: 8-30 Spieler
Material: evtl. Augenbinden

Anleitung

1. Die Gruppe steht im Kreis und streckt beide Hände nach vorne.
2. Die Spieler schließen die Augen und gehen langsam in die Mitte. Sobald sie auf eine andere Hand treffen, ergreifen sie diese. Wenn jeder eine Hand festhält, können sie ihre Augen wieder öffnen.
3. Nun müssen sie versuchen, sich aus dem Armgewirr wieder zu befreien, ohne dass die Hände losgelassen werden. (Ein Lockern der Griffe oder eine Veränderung der Handposition ist aber erlaubt, solange die Verbindung nicht ganz getrennt wird.)
4. Das Ziel des Spiels ist es, wieder einen geordneten Kreis zu bilden. Es kann dabei allerdings sein, dass der Knoten nicht komplett lösbar ist und am Ende beispielsweise zwei ineinander verschachtelte Kreise entstehen. In diesem Fall gilt die Aufgabe als gelöst, wenn der meist geordnete Zustand erreicht wurde, der möglich ist.

Steigerungsformen

- Die Gruppe erhält Augenbinden und muss die Aktion blind meistern.
- Die Gruppe darf die ganze Zeit über nicht sprechen.

Der fliegende Teppich

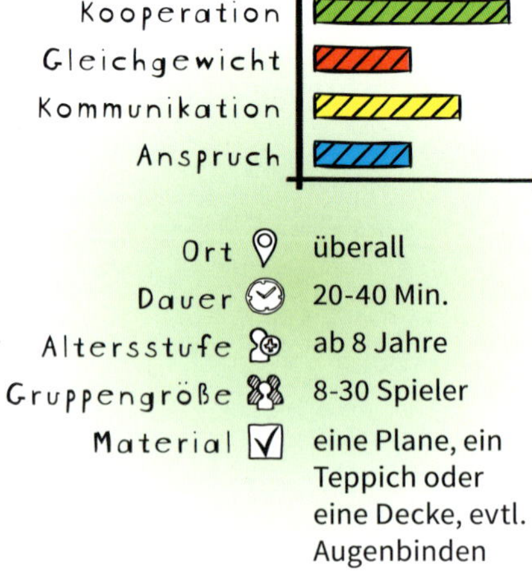

Ort: überall
Dauer: 20-40 Min.
Altersstufe: ab 8 Jahre
Gruppengröße: 8-30 Spieler
Material: eine Plane, ein Teppich oder eine Decke, evtl. Augenbinden

Wirkung des Spiels

Bei dieser Kooperationsaufgabe üben die Teilnehmer, auf engstem Raum zusammenzuarbeiten, und bauen dabei gleichzeitig Berührungsängste ab.

Anleitung

1. Die Spieler befinden sich auf einem Teppich, der etwa ein Drittel größer ist als der Platz, den die Gruppe einnimmt.
2. Die Aufgabe besteht nun darin, den Teppich komplett zu wenden, ohne dass auch nur einer der Teilnehmer ihn verlässt.

Steigerungsform

Die Spieler sind bei der Lösung der Aufgabe entweder alle oder alle bis auf einen blind. Der Sehende darf dann jedoch nicht sprechen.

Lösungsansätze

1. Die Plane muss zunächst an einer Ecke so umgeschlagen werden, sodass sie über den unteren Teil hinausschaut.
2. Auf diese umgeschlagene Ecke kann sich dann zunächst ein Spieler stellen, während weitere die Plane immer weiter umdrehen.
3. Nach und nach wechseln dann alle Spieler auf die bereits gewendete Seite über, bis die Plane komplett gedreht wurde.

Das geheime Land

Wirkung des Spiels

Bei diesem Kooperationsspiel kommt es auf genaue Absprachen der Spieler an. Dabei fördert es vor allem auch das gegenseitige Vertrauen und die Wahrnehmung jedes Einzelnen. Da die Gruppe bei diesem Spiel von einigen wenigen Spielern geführt wird, ist es vor allem dann sehr wirkungsvoll, wenn es Spieler gibt, die in der Gruppe eine Außenseiterposition oder eine andere schwierige Rolle haben.

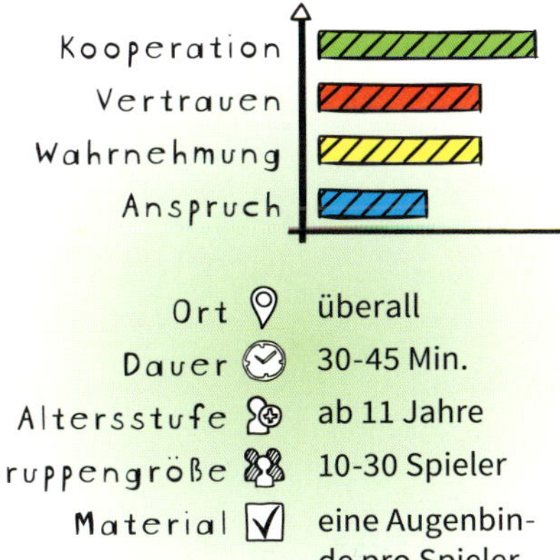

Anleitung

1. Suchen Sie je nach Gruppengröße zwei bis sechs Spieler aus, die zu Einheimischen im geheimen Land werden. Alle anderen sind Durchreisende.
2. Damit das Land geheim bleibt, darf es von Fremden nur betreten werden, wenn diese weder sprechen noch sehen und sich von den Einheimischen führen lassen. Dabei scheuen die Einheimischen jedoch jeden Körperkontakt und sind auch nicht bereit, mit ihren Gästen zu sprechen.
3. Wenn sich die Reisenden nicht an diese Regeln halten, werden sie wieder aus dem Land geworfen und müssen ihre Reise noch einmal neu beginnen.
4. Beide Gruppen erhalten zunächst Zeit, um sich getrennt voneinander zu beraten.

Die Reisenden müssen dabei klären, wie sie sich ohne Hilfe der Sprache verständigen und Hinweise und Nachrichten weitergeben können.

5. Die Einheimischen müssen sich eine Strategie überlegen, wie sie die Reisenden in kleinen Gruppen führen können, ohne mit ihnen zu reden oder sie direkt zu berühren. (Laute, Geräusche etc. und Berührungen mit Hilfsmitteln wie Stöcken sind erlaubt.) Dabei zeigt ihnen der Spielleiter auch, auf welchem Weg sie die Reisenden führen sollen und wo sich das Ziel befindet. (Am interessantesten ist das Spiel, wenn es kein eigentlicher Weg, sondern ein Parcours kreuz und quer durch den Wald oder das Gelände ist, der viele Hindernisse enthält.
6. Anschließend teilen sich die Reisenden so in Kleingruppen auf, dass immer 4 oder 5 Spieler von einem Einheimischen geführt werden.

Anmerkung

Für ältere Jugendliche und für Erwachsene kann das Spiel auch ohne die Beschreibung mit den Reisenden und den Einheimischen angeleitet werden.

Lebendiges Schach

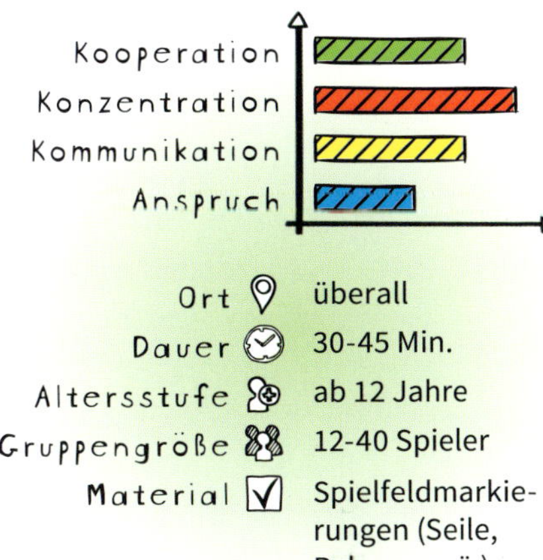

Wirkung des Spiels

Das lebendige Schach ist ein Strategiespiel, bei dem es auf die Konzentration, Kooperation und Kommunikation der Spieler ankommt. Es ist kein typisches Kooperationsspiel, da es in Mannschaften gegeneinander gespielt wird. Bei der anschließenden Reflexion sollte daher der Teamgedanke gegenüber dem Konkurrenzcharakter hervorgehoben werden.

Ort	überall
Dauer	30-45 Min.
Altersstufe	ab 12 Jahre
Gruppengröße	12-40 Spieler
Material	Spielfeldmarkierungen (Seile, Pylonen o.ä.)

Vorbereitung

1. Stecken Sie ein quadratisches Spielfeld von etwa 8 x 8 m ab.
2. Teilen Sie die Gruppe in Mannschaften von 6 bis 10 Spielern ein. (Bei größeren Gruppen kann das Spiel als ein Turnier gespielt werden.)
3. Jede Mannschaft bekommt ca. 5 Min. Zeit, um sich abzusprechen und um sich eine Strategie zu überlegen. Während des eigentlichen Spiels darf nicht geredet werden. Daher muss sich jede Mannschaft Zeichen überlegen, mit denen sich die Spieler wortlos verständigen können.
4. Zum Spielbeginn stellen sich immer zwei Mannschaften an den gegenüberliegenden Spielfeldlinien auf.

Anleitung

1. Die Teilnehmer versuchen, das Spiel dadurch zu gewinnen, dass sie entweder alle gegnerischen Spieler vom Feld vertreiben oder einen ihrer eigenen Spieler bis hinter die gegnerische Linie bekommen.
2. Dabei gelten folgende Regeln:
   - Die Spieler dürfen sich nur durch Springen fortbewegen. Dabei müssen sie mit beiden Beinen abspringen und auch wieder aufkommen.
   - Gesprungen werden darf nur nach vorne, nach links, rechts und diagonal, nicht aber nach hinten.

3. Jeder darf so weit springen, wie er kann und möchte. Definierte Felder wie beim herkömmlichen Schach gibt es nicht.
4. Die Spieler dürfen nicht aus dem Spielfeld herausspringen.
5. Gespielt wird wie beim Brettspiel in Runden, d.h. die Mannschaften sind abwechselnd an der Reihe und es darf immer nur ein Spieler springen.
6. Während des gesamten Spiels darf nicht gesprochen werden, weder die Spieler im Spiel noch die ausgeschiedenen Spieler.
7. Jeder Regelverstoß führt dazu, dass der Spieler das Feld verlassen muss.
8. Springen zwei Spieler einer Mannschaft gleichzeitig, müssen beide vom Feld gehen.
9. Jeder Spieler hat nach seinem Sprung die Möglichkeit, einen gegnerischen Spieler zu schlagen. Dazu muss er zunächst mit beiden Beinen sicher am Boden stehen und hat dann 5 Sekunden Zeit, um einen Gegner, der sich in Reichweite befindet, anzuticken. Dieser kann versuchen, ihm auszuweichen, darf dabei aber nicht seine Füße bewegen. Wurde der Spieler angetickt, muss er das Feld verlassen.
10. Spieler, die aus dem Spiel ausgeschieden sind, dürfen ihrer Mannschaft nicht mehr helfen und weder verbal noch nonverbal mit ihr kommunizieren.

Anmerkung

Als Spielleiter können Sie hier sehr viel über die Gruppendynamik und die Strukturen innerhalb der Gruppe erfahren, beispielsweise wenn es einen sehr starken Anführer gibt und dieser dann plötzlich ausscheidet.

Achtung

Als Schiedsrichter fällt Ihnen eine sehr hohe Verantwortung zu, da Sie das Spiel mit Ihren Entscheidungen stark beeinflussen können. Nehmen Sie die Regeln daher sehr genau und achten Sie auf jeden noch so kleinen Verstoß. Die Spieler werden es auch tun und fühlen sich ansonsten sehr schnell ungerecht behandelt.

Der Zauberschuh

Wirkung des Spiels

Die Herausforderung dieses Spieles liegt vor allem darin, als Gruppe in der Vorbesprechung oder durch Ausprobieren eine funktionierende Lösung zu entwickeln und diese in die Tat umzusetzen. Dabei kommt es in erster Linie auf eine gute Kommunikationsstruktur an, damit jedes Gruppenmitglied hilfreiche Ideen einbringen kann. Gerade wenn es gut reflektiert und vom Spielleiter durch konstruktive Impulse in Bezug auf die Gesprächsformen begleitet wird, kann das Spiel nachhaltig zur Entwicklung der Kommunikationsfähigkeit der Gruppe beitragen.

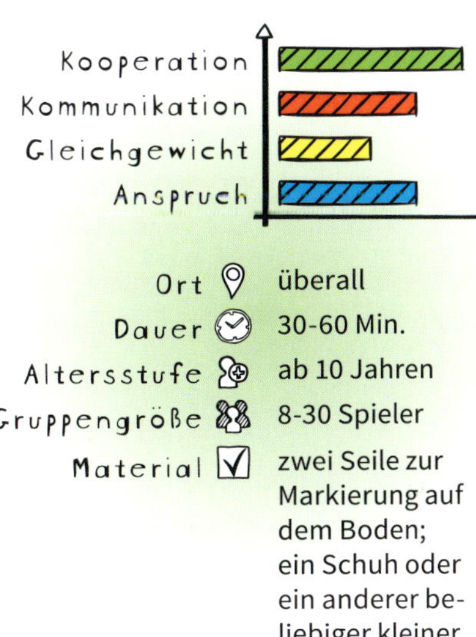

Ort: überall
Dauer: 30-60 Min.
Altersstufe: ab 10 Jahren
Gruppengröße: 8-30 Spieler
Material: zwei Seile zur Markierung auf dem Boden; ein Schuh oder ein anderer beliebiger kleiner Gegenstand

Anleitung

1. Legen Sie zwei Seile im Abstand von etwa 5 m parallel auf den Boden. Diese markieren die Ufer eines reißenden Flusses, den es für die Gruppe zu überqueren gilt.
2. Als einziges Hilfsmittel zur Flussüberquerung bekommen sie den Schuh. Dieser verleiht dem Träger die Fähigkeit, über das Wasser zu gehen, solange er ihn mit irgendeinem Körperteil berührt.

3. Der Schuh darf von jedem Spieler immer nur für eine einzige Überquerung genutzt werden. Er darf auch nicht geworfen oder durch andere Hilfsmittel zurücktransportiert werden, sondern nur dadurch, dass er von einem Spieler getragen wird.

Lösungsansatz

Damit es alle ans gegenüberliegende Ufer schaffen, muss der Träger des Schuhs auf dem Hinweg zwei weitere Spieler mitnehmen (tragend, Huckepack, auf seinen eigenen Füßen mitlaufend o.ä.). Einer von beiden geht dann alleine mit dem Schuh wieder zurück und lässt sich erneut tragen.

Anmerkung

Das Spiel ist nur für sportliche Gruppen, in denen sich die Mitglieder tatsächlich gegenseitig tragen können, ohne dass es dabei zu Verletzungen kommt.

Mögliche Spielgeschichte für Kinder bis 12 Jahren

Das Feld zwischen den beiden Seilen ist ein reißender Fluss. Der Schuh verleiht seinem Träger die Fähigkeit über Wasser zu laufen.

Gefängnisausbruch

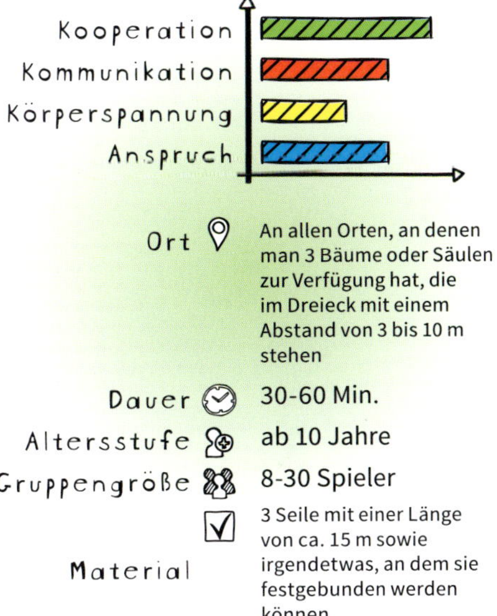

Wirkung des Spiels

Bei diesem Spiel trainiert die Gruppe ihre Kommunikations- und Kooperationsfähigkeit sowie die Fähigkeit konstruktiv mit schwierigen Aufgaben, Rückschlägen und Hindernissen umzugehen. Gleichzeitig wird auch das gegenseitige Vertrauen gestärkt.

Ort: An allen Orten, an denen man 3 Bäume oder Säulen zur Verfügung hat, die im Dreieck mit einem Abstand von 3 bis 10 m stehen

Dauer: 30-60 Min.

Altersstufe: ab 10 Jahre

Gruppengröße: 8-30 Spieler

Material: 3 Seile mit einer Länge von ca. 15 m sowie irgendetwas, an dem sie festgebunden werden können

Vorbereitung

Spannen Sie die Seile so im Seminarraum auf, dass die Fläche dazwischen ein Dreieck ergibt. Dabei sollte eines der Seile auf Hüft-, eines auf Brust- und eines auf Schulterhöhe der durchschnittlichen Spielergröße hängen.

Anleitung

1. Die Gruppe steht im Inneren der Absperrung und muss nach einer 5-minütigen Vorbereitungszeit versuchen, aus dem Bereich herauszukommen. Dabei gelten folgende Regeln:
    - Die Seile dürfen nicht berührt werden und die Teilnehmer dürfen nicht unter ihnen hindurch klettern, sondern müssen auf irgendeine Weise darüber hinwegkommen.
    - Die Teilnehmer dürfen nicht springen oder von anderen geworfen werden.
    - Die Spieler dürfen keinerlei Hilfsmittel verwenden. Auch nicht die Dinge, an denen die Seile befestigt wurden.
    - Berührt ein Teilnehmer ein Seil, müssen alle bereits Befreiten wieder in die Absperrung zurück.
    - Über das niedrigste Seil dürfen maximal 3 Personen und über das höchste müssen mindestens 7 entkommen. (Sie können die Zahlen je nach Gruppengröße und gewünschtem Schwierigkeitsgrad anpassen.)
2. Das Spiel ist gewonnen, wenn alle Spieler aus dem Gefängnis befreit sind.

Möglichkeiten der Vereinfachung

1. Bei großen Gruppen können Sie den Spielern anbieten, dass sie ein- oder zweimal abspeichern dürfen. Bei einem Speicherpunkt merken sich alle den aktuellen Stand der Dinge. Wenn nun ein Spieler das Seil berührt, gehen alle auf genau diese Position zurück. Dabei ist es allerdings sinnvoll, diese Option nicht von vornherein anzubieten, sondern erst, wenn das Spiel ein paar Mal von Neuem beginnen musste. Gut ist es auch, die Speicherungsoption im Austausch gegen eine Gegenleistung anzubieten (z.B. dass die Gruppe nach dem Speichern nicht mehr reden darf oder dass einige Spieler blind werden etc.).
2. Anstatt alle zurückzuschicken, können auch immer nur die letzten drei Spieler sowie derjenige, der das Seil berührt hat, zurück in das Gefängnis gehen.

Steigerungsformen

1. Die Gruppe darf während der ganzen Aktion nicht sprechen und muss bei einem Verstoß wie bei einer Seilberührung von vorne beginnen. Auch wenn dadurch das Spiel zunächst schwieriger erscheint, ist es doch im Allgemeinen eher eine Hilfe für die Gruppe. Durch die Stille nimmt die Konzentration meist sehr stark zu. Interessant ist es auch, wenn sie beide Varianten ausprobieren und dann im Nachhinein reflektieren, was besser funktioniert hat und warum.
2. Einzelne Spieler können blind, stumm oder lahm gemacht werden. Dies ist besonders dann sinnvoll, wenn es in der Gruppe Teilnehmer gibt, die eine sehr dominante Rolle haben.
3. Sie verteilen vor dem Spiel Karten mit typischen Rollenmustern, die in jeder Gruppe vorkommen (z.B. Planer, Beobachter, Kritiker, Macher etc.). Jeder Spieler versucht sich dann während der Aufgabenlösung entsprechend dieser Rolle zu verhalten. Dadurch entstehen einige interessante Aspekte, die Sie hinterher gut reflektieren können.

Lösungsansätze

1. Die ersten beiden Spieler können mithilfe einer Räuberleiter über das niedrigste Seil gelangen.
2. Alle weiteren werden dann über die Seile gehoben, wobei es verschiedene Möglichkeiten gibt. Die effektivste davon ist die Variante, die bereits im Spiel Pharao beschrieben wurde. (s.S. **127**)
3. Der letzte Spieler kann dann von außen Arme oder Schultern angereicht bekommen, auf die er sich abstützen kann, um seine Beine über das niedrigste Seil zu schwingen.

Achtung

Der Gefängnisausbruch erfordert viel Konzentration und Aufmerksamkeit von der Gruppe. Wenn die Spieler übermütig werden, entsteht ein recht hohes Verletzungsrisiko. Daher ist es wichtig, dass Sie die Gruppe gut im Blick haben und bei gefährlichen Lösungsideen jederzeit eingreifen können.

Mögliche Spielgeschichte für Kinder bis 12 Jahre

Die drei Seile bilden ein Gefängnis, aus dem die Spieler ausbrechen müssen. Jeder Seilkontakt und jeder Versuch, unter ihnen hindurch zu kommen, löst einen Alarm aus, der sofort die Wächter herbeiruft. Diese fangen die Ausbrecher dann sofort wieder ein.

Moorpfad

Ort: überall
Dauer: 30-60 Min.
Altersstufe: ab 10 Jahre
Gruppengröße: 8-30 Spieler
Material: pro zwei Spieler eine Matte oder Platte (z.B. Holzbrettchen, Isomatten-, Linoleum-, Teppichstücke, laminierte Blätter, Pappen o.ä. in etwa DIN-A4-Größe), Augenbinden, Markierungen für eine Start- und eine Ziellinie

Wirkung des Spiels

Der Moorpfad ist ein klassisches Kooperationsspiel, bei dem es auf die gute Zusammenarbeit und Kommunikation in der Gruppe sowie auf die Konzentration jedes Einzelnen ankommt. Dabei werden sowohl die Fähigkeit, konstruktive und kreative Lösungen zu entwickeln, als auch die Frustrationstoleranz und der positive Umgang mit Misserfolgen und Rückschlägen geschult.

Anleitung

1. Stecken Sie zunächst einen Start- und einen Zielbereich ab. Diese sollten so weit voneinander entfernt sein, dass man das Ziel nicht ganz erreichen kann, wenn man alle Matten im Abstand von einem halben Meter hintereinander auf den Boden legt.
2. Die Gruppe befindet sich hinter der Startlinie und hat zunächst 5 Min. Zeit, um sich für die Lösung der bevorstehenden Aufgabe abzusprechen.
3. Ab Spielbeginn darf der Boden im Bereich zwischen der Start- und der Ziellinie nicht mehr berührt werden.
4. Um ihr Ziel dennoch zu erreichen, bekommt die Gruppe Matten, die auf den Boden gelegt und dann betreten werden können. Dabei gelten folgende Regeln:
   - Die Matten müssen zu jeder Zeit von mindestens einem Spieler mit mindestens einem Körperteil berührt werden. Andernfalls verschwinden sie, d.h. sie werden von Ihnen weggenommen.
   - Die Spieler dürfen Matten, die auf dem Boden liegen, nicht verschieben oder mit den Füßen verrutschen. Die Matten aufzuheben und sie an eine neue Stelle zu legen, ist aber erlaubt.
   - Es dürfen beliebig viele Spieler auf einer Matte stehen, solange sie mit den Füßen dabei nicht auf den Boden kommen.
   - Die Spieler dürfen die Matten nicht zwischen den Füßen einklemmen, um mit ihnen in Richtung Ziel zu springen.

- Die Spieler dürfen die Matten nicht werfen. Dies zählt auch als berührungslose Zeit und führt zu ihrem Verschwinden.

5. Wenn ein Spieler den Boden berührt, erblindet er und bekommt von Ihnen eine Augenbinde. Von da an muss er von einem Mitspieler geführt werden, der genau darauf achtet, dass der Blinde den Boden nicht noch einmal berührt. Gelingt ihm dies nicht, bekommt auch der Führende eine Augenbinde und beide brauchen einen neuen Führer.
6. Wenn die Gruppe der Meinung ist, dass sie es unter den gegenwärtigen Umständen nicht mehr schaffen kann, ihr Ziel zu erreichen (z.B. weil sie zu viele Matten verloren hat oder zu viele Spieler blind geworden sind), kann sie über einen Neustart abstimmen. Wenn sie sich dafür entscheidet, gehen alle Spieler wieder hinter die Startlinie, bekommen alle Matten zurück und dürfen die Augenbinden wieder abnehmen. Nach einem Neustart kann es hilfreich sein, wenn Sie eine Zwischenreflexion anleiten und den Spielern nochmals eine Beratungszeit geben.
7. Die Aufgabe ist gelöst, wenn es der letzte Spieler hinter die Ziellinie geschafft hat.

Möglichkeiten der Vereinfachung

1. Die Spieler dürfen die Matten werfen. Dabei haben Sie als Spielleiter allerdings die Möglichkeit zu versuchen, sie aus der Luft zu fangen. Gelingt es Ihnen, ist die Matte weg, schaffen Sie es nicht, kann die Gruppe sie behalten.
2. Die Gruppe kann sich einzelne Matten zurückverdienen, indem sie verschiedene Aufgaben löst, beispielsweise eine Zeit lang schweigt, gemeinsam ein Lied singt etc.
3. Die Gruppe bekommt von Anfang an mehr Matten zur Verfügung.
4. Irgendwo auf halber Strecke gibt es eine Insel, auf der die Spieler auch ohne Matte den Boden berühren dürfen und auf der 2 bis 4 Spieler Platz finden.

Steigerungsformen

1. Auf dem Weg durch das Moor gibt es verschiedene Hindernisse, denen die Spieler ausweichen, oder Gegenstände, die sie einsammeln müssen.
2. Es gibt eine Passage, in der geschwiegen werden muss. Jeder Spieler, der über die Markierung kommt, darf dann nicht mehr reden. Tut er es dennoch, ist der Effekt genauso, als hätte er den Boden berührt.
3. Die Spieler dürfen während der ganzen Aktion nicht sprechen, müssen sich hinter der Startlinie in einer Schlange aufstellen und dürfen diese nicht verlassen, bis sie an der Reihe sind. Bei dieser Extremvariante führt jeder Fehler dazu, dass die Gruppe von Neuem starten muss.

Varianten

1. Anstelle der DIN-A4-großen Matten können auch kleinere verwendet werden, von denen die Gruppe dann mehr bekommt.
2. Statt Matten können auch Stühle verwendet werden. Am spannendsten ist es, wenn Sie die Stühle erst alle in den Flur stellen und die Teilnehmer auf diese Weise in den Seminarraum gelangen müssen. Das Ziel kann dabei auch sein, dass die Gruppe einen Stuhlkreis bildet, mit dem Sie dann ihr Seminar starten.
3. Anstelle des Erblindens kann eine Lähmung des Körperteils eintreten, mit dem das Moor berührt wurde. Ein Spieler, der dann mit einem Bein den Boden berührt hat, muss sich also nun auf dem anderen springend fortbewegen. Sind beide Beine gelähmt, muss er zurück an die Startlinie. Dabei kann es sein, dass sich die Gruppe eine Lösung überlegen muss, wie sie den Spieler von dort wieder abholt, falls die letzten Matten schon zu weit weg sind.

Lösungsansätze

1. Die Gruppe stellt sich in einer langen Reihe hintereinander auf.
2. Der erste Spieler hat eine Matte, der zweite trägt den Rest, um sie ihm zu reichen.
3. Nun legt der erste Spieler eine Matte auf den Boden und hält sie so lange mit einer Hand fest, bis er seinen Fuß darauf gestellt hat.
4. Diesen Vorgang wiederholt er mit allen Matten wobei ihm die nachfolgenden Spieler folgen und jeder stets darauf achtet, dass der Hintermann bereits einen Fuß auf der Matte hat, bevor er seinen eigenen wegnimmt.
5. Der letzte Spieler sammelt die hintersten frei werdenden Matten wieder ein und gibt sie nach vorne durch.

Vulkanüberquerung

Wirkung des Spiels

Dieses Kooperationsspiel verbindet sportliche Herausforderung mit der Notwendigkeit, sich als Gruppe gegenseitig zu helfen und eine gemeinsame Lösung zu finden. Dabei werden unter anderem auch Berührungsängste abgebaut.

Ort: An allen Orten, an denen es einen ebenen, weichen Untergrund und die Möglichkeit gibt, ein Seil an einem mindestens 2 m hohen Punkt zu befestigen. (Unter einem Baum, an der Schaukel eines Spielplatzes o.ä.)

Dauer: 30-60 Min.

Altersstufe: ab 10 Jahre

Gruppengröße: 8-30 Spieler

Material: ein langes, stabiles Seil, ein Seil zur Markierung der Startlinie, pro zwei Spieler eine Matte oder Platte (z.B. Holzbrettchen, Isomatten-, Linoleum- oder Teppichstücke, laminierte Blätter, Pappen o.ä. in etwa DIN-A4-Größe)

Vorbereitung

1. Befestigen Sie ein Seil so an einem Punkt in mindestens 2 m Höhe, dass es wie eine Liane senkrecht nach unten hängt und fest genug ist, dass sich die Spieler später daran schwingen können.
2. Etwa 1 m davor legen Sie ein zweites Seil als Markierung auf den Boden. Bis hierhin dürfen die Spieler später an die Liane herantreten.
3. Gegenüber der Startmarkierung legen Sie die Matten auf den Boden, sodass sich der Folgende Aufbau ergibt:

Anleitung

1. Die Gruppe steht hinter der Startlinie und hat die Aufgabe, nach einer Beratungszeit nur mithilfe der Liane auf die Matten zu kommen. Dabei gelten folgende Regeln:

- Der Boden hinter der Linie darf zu keiner Zeit berührt werden, auch nicht um an die Liane heranzukommen. (Hierfür müssen die Spieler ebenfalls eine Lösung finden.) Jeder Bodenkontakt führt dazu, dass alle wieder neu beginnen müssen.
- Landet ein Spieler mit beiden Füßen auf einer Matte, so muss er genau auf dieser stehenbleiben.
- Kommt er mit je einem Fuß auf zwei unterschiedliche Matten, so darf er sich eine von beiden aussuchen.
- Landet er nur auf einem Fuß und hat den zweiten noch in der Luft, kann er ihn auf eine beliebige angrenzende Matte stellen und sich dann zwischen dieser und seiner ersten Matte entscheiden.

2. Jede Matte muss letztlich mit genau zwei Spielern belegt werden.

Möglichkeiten der Vereinfachung

1. Wenn es in der Gruppe Spieler gibt, die es nicht schaffen sich an der Liane bis zu den Platten zu schwingen, können ein oder mehrere weitere Matten als eine Art Einwegsteine angeboten werden. Diese dürfen von den Spielern an eine beliebige Stelle gelegt werden, verschwinden aber wieder, sobald sie einmal betreten wurden.
2. Anstatt alle zurückzuschicken, können auch immer nur die letzten drei Spieler sowie derjenige, der den Boden berührt hat, zurück an den Anfang gehen.
3. Die Spieler dürfen, wenn sie beide Füße auf unterschiedliche Matten gesetzt haben, weiter nach hinten durchgehen und so lange zwischen den Matten hin und her wechseln, bis sie beide Füße auf eine Matte gestellt haben. Bevor sich der nächste Spieler herüberschwingt, müssen sie sich allerdings entschieden haben.

Steigerungsformen

1. Die Gruppe darf während der ganzen Aktion nicht sprechen und muss bei einem Verstoß wieder von Neuem beginnen. Interessant ist es auch, beide Varianten auszuprobieren und dann im Nachhinein zu reflektieren, welche Variante leichter war und warum.
2. Der Schwierigkeitsgrad kann auch durch eine andere Formation der Zielmatten erhöht werden, indem mehr Matten im hinteren und weniger im vorderen Bereich platziert werden.

Lösungsansatz

Wenn die ersten Spieler auf den vorderen Matten gelandet sind, können sie die nachfolgenden Spieler auffangen und nach hinten durchreichen.

Anmerkung

Das Spiel setzt einen guten Gesundheitszustand der Teilnehmer voraus.

Mögliche Spielgeschichte für Kinder bis 12 Jahre

Hinter der Startlinie befindet sich ein Lavafeld, in das niemand hineintreten darf. Erst, wenn alle Felder mit genau zwei Personen besetzt sind, wird dadurch eine Magie ausgelöst, die verhindert, dass der Vulkan ausbricht.

Spinnennetz

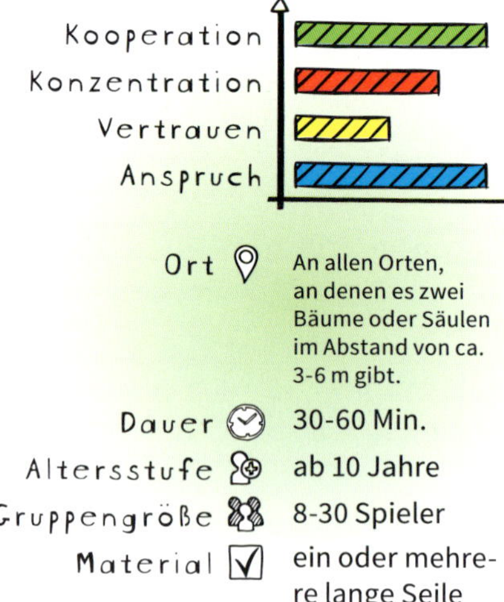

Ort: An allen Orten, an denen es zwei Bäume oder Säulen im Abstand von ca. 3-6 m gibt.
Dauer: 30-60 Min.
Altersstufe: ab 10 Jahre
Gruppengröße: 8-30 Spieler
Material: ein oder mehrere lange Seile

Wirkung des Spiels

Bei diesem Spiel muss die Gruppe sehr genau und konzentriert zusammenarbeiten und dabei auf die individuellen Stärken und Schwächen der einzelnen Gruppenmitglieder eingehen. Neben der Kommunikations- und Kooperationsfähigkeit wird auch das gegenseitige Vertrauen gefördert.

Vorbereitung

Spannen Sie ein Spinnennetz aus einem oder mehreren Seilen zwischen zwei Bäume. Dieses hat genauso viele Lücken wie die Gruppe Spieler. (Bei Gruppen ab 24 Personen bietet es sich evtl. an, nur halb so viele Öffnungen zu machen und jede 2 x benutzen zu lassen.) Sie können dabei den Schwierigkeitsgrad der Aufgabe variieren, indem Sie die Lücken zwischen den Seilen größer oder kleiner gestalten.

Anleitung

Die Gruppe befindet sich auf einer Seite des Netzes und hat die Aufgabe, nach einer kurzen Besprechungszeit auf die andere Seite zu gelangen. Dabei gelten folgende Regeln:

1. Jede Öffnung im Netz darf nur genau einmal benutzt werden. (Bei großen Gruppen dann dementsprechend zweimal.)
2. Die Seile und die Bäume dürfen zu keiner Zeit berührt werden. Falls dies doch passiert, wird das Spiel neu gestartet.
3. Das Netz darf nicht umgangen werden, auch nicht um beispielsweise kurzzeitig Hilfestellung von der anderen Seite zu geben.

Möglichkeiten der Vereinfachung

Anstatt alle zurückzuschicken, können auch immer nur die Spieler zurück an den Anfang gehen, die direkten oder indirekten Kontakt zum Berührenden hatten.

Steigerungsformen

1. Die Gruppe darf während der ganzen Aktion nicht sprechen und muss bei einem Verstoß von vorne beginnen.
2. Einzelne Spieler können mithilfe von Augenbinden blind gemacht werden, was vor allem dann effektvoll ist, wenn es in der Gruppe sehr dominante Mitglieder gibt, durch die andere Spieler kaum zu Wort kommen.

Lösungsansätze

1. Je nach Aufbau des Netzes können die ersten und letzten Spieler ohne Hilfe durch die untersten Löcher steigen oder mit den Händen durchtauchen und sich die Füße von ihren Mitspielern hochhalten lassen (ähnlich wie beim »Schubkarre-Laufen«).
2. Für die oberen Löcher eignet sich am besten die im Spiel Pharao (s. S. **127**) beschriebene Technik zum Heben der Personen.

Anmerkung

Das Spiel erfordert einen guten Gesundheitszustand der Gruppe.
Um den Überblick zu behalten, welche Öffnungen bereits benutzt wurden und welche nicht, können Sie diese markieren, z.B. mit Wäscheklammern oder kurzen Schnüren.

Teil 9
Reflexions-
methoden

In diesem Teil ...

... lernen Sie verschiedene spielerische Methoden kennen, mit deren Hilfe Sie vergangene Aktionen wie Vertrauens- oder Kooperationsspiele, aber auch Ihren Seminarinhalt oder das Gruppengeschehen an sich reflektieren können. Auf diese Weise können Sie den Effekt, den die erlebnispädagogischen Spiele auf Ihre Gruppe haben, intensivieren, ausbauen und verfestigen. Zudem lassen sich so typische Gruppenstrukturen wie auch Verhaltensmuster einzelner Teilnehmer aufzeigen, sodass sie in weiteren Schritten bearbeitet werden können.

Bei einigen Spielen, vor allem bei den Kooperations- und Vertrauensspielen, aber oft auch bei Geländespielen, ist es sinnvoll, im Anschluss ein Reflexionsgespräch zu führen. Dadurch können sich die Spieler den Verlauf des Prozesses noch einmal bewusst machen. Sie können nachvollziehen, welche Handlungen und Verhaltensmuster es ihnen schwerer gemacht und welche Ideen und Einfälle letztlich zu ihrem Erfolg geführt haben. So kann durch die Reflexion die Wirkung der Spiele verstärkt und gefestigt werden. Durch offene Fragestellungen können Sie den Spielern dabei helfen, ihre eigenen Fähigkeiten und Talente zu erkennen. Dadurch entsteht auch die Möglichkeit eines Transfers, indem die genannten Kompetenzen von der eigentlichen Aufgabe gelöst, verallgemeinert und auf andere Situationen im Alltag und in der Schule übertragen werden.
Oftmals kann die Reflexion dabei in Form einer Gesprächsrunde stattfinden. Dabei ist es jedoch wichtig, dass dieses Gespräch nicht zu lange dauert und sich konsequent auf das Thema konzentriert. Andernfalls kann es Ihnen passieren, dass die wesentlichen Punkte verloren gehen und die Spieler die Lust am Gespräch und an den Spielen selbst verlieren.
Um die Reflexionsrunden ansprechender, prägnanter und effektiver zu gestalten, haben wir Ihnen daher einige Methoden zusammengestellt, mit denen Sie den Prozess visualisieren und auflockern können. Dadurch können Sie im Reflexionsgespräch einigen Problemen aus dem Weg gehen, die in einer normalen Unterhaltung auftreten können.

Vielfältige Wahrnehmung

Wenn wir etwas nur über das Hören wahrnehmen, behalten wir davon etwa 30 %. Durch eine Visualisierung oder die Verbindung mit einer aktiven Handlung wird dieser Anteil enorm gesteigert.

Zeiteffektivität

Bei einem Gespräch kann immer nur einer nach dem anderen sprechen. Um beispielsweise die Gefühlslage der einzelnen Spieler herauszufinden, kann daher mit einer Visualisierungsform, bei der alle ihre Stimmung sichtbar machen, sehr viel Zeit und damit auch Kraft gespart werden.

Genauerer Überblick

Meist gibt es ein paar Spieler, die sich immer an Gesprächen beteiligen, während sich andere selten oder nie einbringen. Das Ergebnis wird also immer nur von einem Teil der Gruppe bestimmt und somit verfälscht. Durch verschiedene Reflexionsmethoden können Sie hingegen auch die schüchternen und zurückhaltenden Spieler wieder mit ins Boot holen.

Größere Klarheit

Vielen Menschen fällt es schwer, offen und klar auszudrücken, wie sie sich fühlen oder was sie von einer bestimmten Situation halten. In Gesprächen lauten Antworten auf entsprechende Fragen daher oft »Gut!« oder »Passt schon!« Mithilfe der visualisierten, plastischen und spielerischen Ausarbeitung sind die Gruppenmitglieder gezwungen, sich klar zu positionieren, wodurch sie sich auch ihrer eigenen Gefühle und Meinungen klarer werden.

Neben Abschlussreflexionen zum Ende einer Aktion gibt es noch weitere Situationen, um eine Reflexion sinnvoll einzubauen:

- Zwischenreflexionen können helfen, um eine Gruppe, die bei einer Problemlöseaufgabe ins Stocken geraten ist, wieder neu zu motivieren. Dadurch gewinnen die Spieler die Möglichkeit, mit Abstand auf die eigene Situation zu blicken. So können die meisten Tiefpunkte überwunden werden.
- Stimmungsabfragen zu Beginn oder zwischen verschiedenen Aktionen können den Verlauf des Prozesses sichtbar machen. So zeigt sich, in welchen Bereichen eine Entwicklung stattfindet und wo es noch Schwierigkeiten gibt. Auch helfen sie dabei, die passenden Spiele auszuwählen und sich auf die Bedürfnisse der Gruppe einzustellen.
- Endreflexionen geben einen Überblick über die Entwicklung der Gruppe in einem längeren Zeitraum und helfen ihnen dabei, Perspektiven und Ziele für die Zukunft zu entwickeln.

Welche Reflexionsmethoden für welchen Reflexionstyp geeignet sind, erkennen Sie an der kleinen Grafik rechts oben auf jeder Seite.

Daumenkino

Ziel der Reflexion

Diese Methode eignet sich besonders, um ein kurzes Stimmungsbild der Gruppe abzurufen, ohne dass Sie dafür viel Zeit opfern müssen.

Vertiefung
Problemananlyse
Transfer
Stimmungsbild

Ort: überall
Dauer: 10-15 Min.
Altersstufe: ab 6 Jahre
Gruppengröße: 8-30 Spieler
Material: keines

Anleitung

1. Die Teilnehmer sitzen im Kreis und schließen die Augen. Für die kommende Abstimmung strecken alle ihre rechte Hand als Faust nach vorne.
2. Sie stellen kurze Fragen zur Stimmung der Gruppe oder zur Selbsteinschätzung einer vorangegangenen Leistung, die mit Ja / Nein oder Gut / Mäßig / Schlecht beantwortet werden können.
3. Nach jeder Frage strecken die Spieler ihre Daumen aus und halten sie entsprechend ihrer Meinung nach oben, unten oder zur Seite.
4. Dann öffnen alle ihre Augen und schauen sich die Aussagen der anderen an.
5. Wenn Sie möchten, können Sie auch ein oder zwei Spieler jeder Daumenrichtung zu seiner Entscheidung befragen.

Variante

Anstatt des Daumens können auch alle Finger für die Auswertung hergenommen werden. In diesem Fall können die Spieler dann Punkte von 0-10 verteilen, wobei 10 einer vollen Zustimmung und 0 einer vollen Verneinung entspricht. Dadurch wird das Bewertungssystem etwas differenzierter.

Wetterbericht

Ziel der Reflexion

Dies ist eine kurze Reflexionsmethode, um die aktuelle Stimmung in der Gruppe sichtbar zu machen. Sie ist besonders dann gut geeignet, wenn sich die Gruppe gerade in einer Krise befindet und sich die Teilnehmer zwar der schlechten Stimmung bewusst sind, nicht aber der eigentlichen Ursache.

Ort: überall
Dauer: 10-15 Min.
Altersstufe: ab 6 Jahre
Gruppengröße: 8-30 Spieler
Material: kleine Karten mit Wettersymbolen darauf

Anleitung

1. Sie verteilen Karten mit Wettersymbolen auf dem Boden, die von Sonnenschein, über Wolken und Regen bis hin zu Hagel, Schnee, Sturm und Gewitter reichen.
2. Die Teilnehmer sollen sich die Karten nun in Ruhe ansehen und sich dann zu einer Karte stellen, von der sie glauben, dass sie gerade am besten zu ihrer Stimmung passt.
3. Befragen Sie die einzelnen Teilnehmer anschließend, warum sie sich gerade diese Karte ausgesucht haben und was sie ihnen bedeutet. Einigen Teilnehmern wird es schwerfallen, ihre Gefühle den anderen offen mitzuteilen. Hier kann es sehr hilfreich sein, wenn Sie die Gefühle erraten, sodass der Betroffene nur noch bejahen oder verneinen muss.

Die Oskarverleihung

Ort: überall
Dauer: 20-30 Min.
Altersstufe: ab 8 Jahre
Gruppengröße: 3-30 Spieler
Material: ein Redestab

Ziel der Reflexion

Dies ist eine Methode für eine Abschlussreflexion, um die Ereignisse der letzten Zeit Revue passieren zu lassen und um einen Eindruck der Spieler über ihre persönlichen Höhen und Tiefen zu bekommen.

Anleitung

1. Die Teilnehmer sitzen in einem Kreis und sammeln zunächst noch einmal alles, was sie in der vorangegangenen Zeit erlebt haben.
2. Sie stellen sich vor, das Erlebte wäre gefilmt worden und sie sind jetzt die Jury, die den Film bewertet.
3. Geben Sie dazu einen Redestab herum. Jeder Teilnehmer, der an der Reihe ist, kann nun ein bis drei »Szenen«, die ihn aus verschiedenen Gründen beeindruckt, weitergebracht oder ihm gut gefallen haben, für einen Oskar nominieren und ebenso viele, die ihm überhaupt nicht zusagten, mit einer goldenen Himbeere bewerten.

Anmerkung

Als Bilder für die Positiv- und Negativbewertung können auch verschiedene andere Symbole genommen werden: Schatzkisten und Mülleimer, Federn und Steine, ...

Die Zielscheibe

Stimmungsbild	████████
Meinungsabfrage	████████
Vertiefung	██████
Transfer	██

Ort	überall
Dauer	10-15 Min.
Altersstufe	ab 8 Jahre
Gruppengröße	8-30 Spieler
Material	ein beliebiger Gegenstand, der ein Zentrum markieren kann

Ziel der Reflexion

Diese Reflexionsmethode ermöglicht es, ein schnelles Bild über die Stimmung und die Meinungen zu einem Thema in der Gruppe zu bekommen.

Anleitung

1. Die Gruppe steht im Kreis um einen deutlich sichtbaren Mittelpunkt.
2. Sie treffen nun verschiedene Aussagen über die Stimmung in der Gruppe oder die vorangegangene Arbeitsweise. (Z.B.: »Ich konnte meinen Mitspielern voll vertrauen«, »Ich fühle mich in der Gruppe wohl« oder »Ich habe mehr über Molekularbiologie gelernt, als ich mir hätte erträumen lassen«)
3. Die einzelnen Spieler können nun durch ihre Position im Raum anzeigen, wie sehr sie dieser Aussage zustimmen: Für eine volle Zustimmung stellen sie sich in den Mittelpunkt, für eine Ablehnung bleiben sie im Kreis stehen oder gehen sogar noch etwas nach außen.
4. Der Spielleiter kann nun einzelne Spieler interviewen und sie nach den Gründen ihrer Positionierung fragen.

Varianten

1. Anstelle eines großen Kreises, in dem sich die Spieler selbst positionieren, kann auch eine kleine Zielscheibe verwendet werden, auf die jeder Spieler einen Stein oder ähnliches legt. Dies kann vor allem bei heiklen Themen sinnvoll sein, weil es einigen Spielern unter Umständen schwerer fällt, sich selbst an eine extreme Position zu stellen als ein Symbol dort hinzulegen.
2. Anstatt dass Sie die Aussagen treffen, können Sie das Wort auch an die Teilnehmer geben. In diesem Fall können Sie auch den Gegenstand in der Mitte weggelassen. Stattdessen stellt sich immer ein Spieler in die Mitte und die anderen positionieren sich je nach Zustimmung dicht um ihn herum oder weit von ihm weg.

In einer Linie

Problemanalyse
Stimmungsbild
Vertiefung
Gruppenanalyse

Ort	überall
Dauer	30-45 Min.
Altersstufe	ab 11 Jahre
Gruppengröße	8-30 Spieler
Material	keines

Ziel der Reflexion

Mit dieser Reflexionsmethode können Sie markante Gruppenstrukturen und Rollenmuster sichtbar machen, um sie dann gemeinsam mit der Gruppe zu bearbeiten.

Anleitung

1. Die Teilnehmer bekommen die Aufgabe, sich in einer Reihe nebeneinander aufzustellen. Dabei geben Sie Fragen vor, nach denen sie sich sortieren sollen. Z.B.:
   - Wie groß war mein Einfluss auf die Gruppe?
   - Wie groß war meine eigene Aktivität und Handlungsinitiative bei der Lösung von Aufgaben?
   - Wie sehr konnte ich mich und meine Ideen konstruktiv einbringen?
   - Etc.
2. Dabei positionieren sich die Teilnehmer, die glauben, in diesem Bereich sehr stark oder aktiv zu sein, nach links, diejenigen, die sich selbst eher als passiv oder zurückhaltend erleben, nach rechts.
3. Die Teilnehmer tauschen ihre Positionen so lange hin und her, bis alle damit einverstanden sind.
4. Dann bitten Sie die Spieler, sich für einige Sekunden die Linie anzuschauen und sie auf sich wirken zu lassen. Leiten Sie sie an nachzuspüren, ob sie sich mit dem Bild der Gruppe und mit ihrer eigenen Position darin wohlfühlen oder nicht.
5. Im Anschluss können die Spieler dazu Stellung nehmen und gemeinsam nach Lösungen suchen, um evtl. als negativ oder blockierend empfundene Rollenstrukturen zu verändern.

Anmerkung

Wichtig ist, dass Sie betonen, dass das entstandene Bild eine veränderbare Momentaufnahme ist und dass Sie weiter an den sichtbar gewordenen Strukturen arbeiten. Andernfalls kann das Ergebnis der Reflexion ins Negative umschlagen und die Rollenmuster sogar noch verhärten, anstatt sie aufzulösen.

Das Dreamteam

Problemanalyse
Zukunftspersp.
Stimmungsbild
Transfer

Ort: überall
Dauer: 10-15 Min.
Altersstufe: ab 11 Jahre
Gruppengröße: 8-30 Spieler
Material: Stifte, kleine und großer Blätter Papier, evtl. ein Flipchart oder eine Tafel

Ziel der Reflexion

Diese Methode eignet sich besonders als Zwischenreflexion, wenn eine Aktion ins Stocken geraten ist und unterbrochen werden musste oder nach einer abgeschlossenen Aktion als Vorbereitung für die weiteren Aufgaben.

Anleitung

1. Die Teilnehmer sitzen im Kreis mit der Aufgabe, sich die vorangegangene Aktion im Geiste noch einmal vor Augen zu führen. Dabei kann sich jeder Teilnehmer einige Notizen machen.
2. In der zweiten Runde sollen sich die Teilnehmer vorstellen, sie müssten die gleiche Aufgabe zusammen mit dem perfekten Team lösen. Dabei können Sie z.B. folgende Fragen stellen: *Was zeichnet dieses Team aus? Wie verhält es sich? Wie fühlst du dich als Teil dieser Gruppe? Wie geht das Team an die Lösung von Problemen heran?*
   Auch hierzu kann sich jeder Spieler zunächst Notizen für sich selbst machen.
3. Anschließend trägt die Gruppe die einzelnen Ideen zusammen. Sie schreiben die Ergebnisse für alle sichtbar auf.
4. Im letzten Schritt wählt sich die Gruppe einige Punkte aus, von denen sie glaubt, dass sie sofort realisierbar sind. Diese werden dann in konkrete und machbare Handlungssätze umformuliert, mit denen die ganze Gruppe einverstanden ist.

Anmerkung

Für die weitere Arbeit mit den Erkenntnissen aus dieser Methode ist es wichtig, dass die Sätze im letzten Schritt positiv, machbar und überprüfbar sind. Sätze wie »Wir wollen mehr Vertrauen in der Gruppe« oder »Wir wollen uns gegenseitig nicht beleidigen«, führen fast immer dazu, dass sie nicht eingehalten werden können. Dadurch kann es passieren, dass sich das Gruppenklima sogar noch verschlechtert, weil die Teilnehmer frustriert sind. Hilfreicher hingegen sind Sätze wie: »Wir lassen einander ausreden und hören uns die Ideen aller Gruppenmitglieder an.«

Die Zufriedenheitskurve

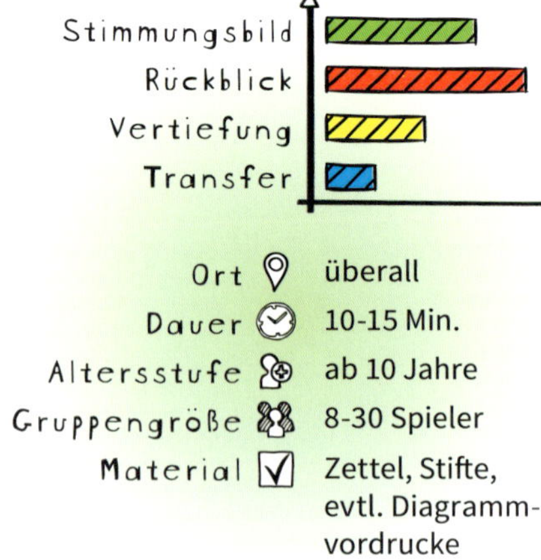

Ort: überall
Dauer: 10-15 Min.
Altersstufe: ab 10 Jahre
Gruppengröße: 8-30 Spieler
Material: Zettel, Stifte, evtl. Diagrammvordrucke

Ziel der Reflexion

Diese Reflexion eignet sich gut, um herauszufinden, wie das Seminar bislang auf die Gruppe gewirkt hat und wo evtl. noch Handlungsbedarf besteht. Dadurch können Sie im weiteren Verlauf noch besser auf ihre Bedürfnisse eingehen.

Anleitung

1. Alle Spieler bekommen einen Stift und eine Diagrammvorlage. Auf der vertikalen Achse sind Punkte von -6 bis 6, auf der horizontalen alle Abschnitte des vergangenen Seminarteils eingetragen.
2. Die Spieler können nun noch einmal alle Ereignisse im Kopf Revue passieren lassen und dabei nachspüren, wie sie sich jeweils gefühlt haben.
3. Anschließend tragen sie ihre jeweiligen Stimmungen zu den einzelnen Aktionen als Kreuz in das Diagramm ein (-6 ist dabei sehr negativ, 6 absolut positiv). Dann verbinden Sie die einzelnen Kreuze zu einer Kurve. Dadurch werden die Höhen und Tiefen sehr anschaulich und nachvollziehbar dargestellt.
4. Nacheinander können die Spieler ihre Diagramme nun der Gruppe präsentieren und auf einzelne Punkte, die ihnen wichtig sind, näher eingehen.

-6	-5	-4	-3	-2	-1	0	1	2	3	4	5	6

Das Maskottchen

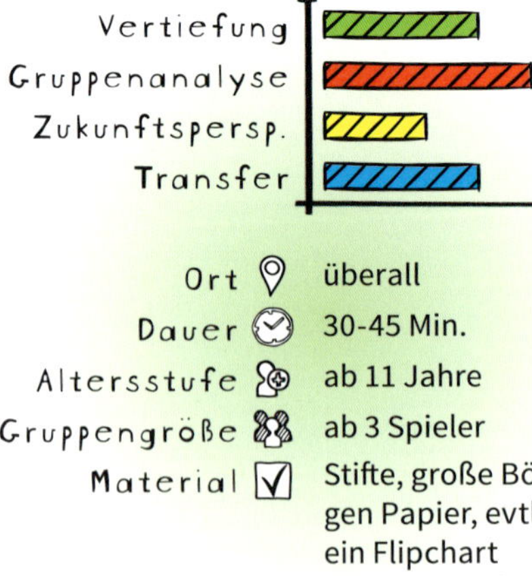

Ziel der Reflexion

Mit dieser Reflexionsmethode können die Teilnehmer die Erkenntnisse, die sie bislang gewonnen haben, für den weiteren Prozess greifbar und damit nutzbarer machen.

Anleitung

1. Die Teilnehmer sammeln zunächst im Brainstorming alle Eigenschaften und Verhaltensweisen, die ihnen für das gemeinsame Arbeiten und Zusammenleben in der Gruppe wichtig sind. Diese werden auf einem großen Blatt, dem Flipchart oder der Tafel festgehalten.
2. Im zweiten Schritt können die Spieler 3 bis 5 Punkte an die Eigenschaften verteilen, die sie als die elementarsten ansehen. Dabei ist es ihnen selbst überlassen, ob sie die Punkte alle zu einem Wort kleben bzw. malen oder auf mehrere verteilen.
3. Als Drittes werden die vier oder fünf Aspekte mit den meisten Punkten ausgewählt.
4. Hierfür sucht sich die Gruppe nun gemeinsam ein Symbol (z.B. in Form eines Tieres, einer Pflanze oder eines Fabelwesens), das diese Eigenschaften und Verhaltensweisen am besten verkörpert.
5. Dieses Symbol ist von nun an für die weiteren Gruppenprozesse das Maskottchen und erinnert die Spieler immer wieder an die Werte, die sie sich selbst gesetzt haben.

Land-Art-Reflexion

Rückblick	██████████
Vertiefung	███████
Stimmungsbild	█████
Transfer	██

Ort	im Freien
Dauer	30-45 Min.
Altersstufe	ab 9 Jahre
Gruppengröße	8-30 Spieler
Material	keines

Ziel der Reflexion

Diese Methode ist eine schöne Abschlussreflexion, bei der die Spieler ihre Erfahrungen kreativ umsetzen können.

Anleitung

1. Die Spieler verteilen sich nach eigenem Ermessen alleine oder in Kleingruppen über das Gelände. Dabei überlegen sie sich, was in der letzten Zeit passiert ist, das ihnen besonders gut gefallen, sie stark beeindruckt oder in ihrer persönlichen Entwicklung weitergebracht hat.
2. Dieses Ereignis sollen sie nun als kleines Kunstwerk nachbauen. Dafür steht ihnen alles zur Verfügung, was sie an Naturmaterialien finden.
3. Wenn alle ihr Naturkunstwerk vollendet haben, kehren sie zum Ausgangspunkt zurück.
4. Gemeinsam geht die Gruppe nun von Kunstwerk zu Kunstwerk und lässt sich das Geschaffene von den Erbauern kurz präsentieren. Diese begründen dabei, warum sie gerade dieses Ereignis als besonders wichtig empfunden haben.

Das Fahrrad

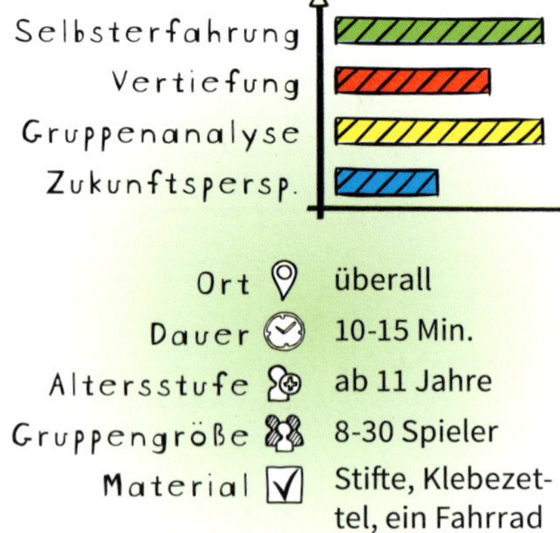

Ort	überall
Dauer	10-15 Min.
Altersstufe	ab 11 Jahre
Gruppengröße	8-30 Spieler
Material	Stifte, Klebezettel, ein Fahrrad

Ziel der Reflexion

Dies ist eine sehr intensive Reflexionsmethode, bei der sich die einzelnen Teilnehmer ihre persönliche Rolle innerhalb der Gruppe vor Augen führen und erkennen können, wie zufrieden sie mit dieser Position sind. Es eignet sich sowohl als Auswertung einer einzelnen Aktion wie auch als Abschlussreflexion eines längeren Zeitraumes.

Anleitung

1. Die Gruppe sitzt im Kreis um ein Fahrrad und erhält die Aufgabe, noch einmal über die vergangene Aktion oder auch den kompletten Seminarzeitraum nachzusinnen.
2. Jeder stellt sich nun vor, die Gruppe sei ein Fahrrad und er selbst sei ein Teil davon. Welches der Teile wäre er dann?
3. Sie können dabei noch einzelne Impulse in die Gruppe geben, indem Sie aufzählen lassen, was für Fahrradteile es gibt und wofür sie stehen könnten: Lenker für die Steuerung, Räder fürs Vorankommen, Pedalen als antreibende Kraft, Rahmen als verbindendes Element etc.
4. Wenn sich jeder Spieler ein Teil ausgewählt hat, schreibt er seinen Namen auf einen Klebezettel. Der Reihe nach klebt nun jeder Spieler seinen Namen auf das entsprechende Fahrradteil und begründet kurz seine Entscheidung.
5. Wenn er möchte, kann er dann noch um eine Rückmeldung aus der Gruppe bitten, ob diese ihn ebenso einschätzt oder ob sie ihn anders erlebt hat.
6. Ermuntern Sie die Teilnehmer, auch mitzuteilen, ob sie mit der Rolle, in der sie sich erlebt haben, zufrieden sind oder ob sie sich gerne anders verhalten hätten. Wenn es dabei Änderungswünsche gibt, können Sie im weiteren Seminarverlauf darauf eingehen.

Brief an die Zukunft

Zukunftspersp.
Vertiefung
Rückblick
Selbsterfahrung

Ort: überall
Dauer: 20-30 Min.
Altersstufe: ab 9 Jahre
Gruppengröße: 8-30 Spieler
Material: Stifte, Papier, Briefumschläge

Ziel der Reflexion

Mit dieser Methode können die Teilnehmer ihre neuen Erfahrungen noch einmal für sich reflektieren und daraus Wünsche und Ziele für ihre Zukunft ableiten.

Anleitung

1. Die Teilnehmer bekommen ein Blatt Papier, einen Stift und einen Briefumschlag und können sich damit für ca. 20 Minuten an einen stillen Platz zurückziehen.
2. In dieser Zeit sollen sie einen Brief an ihr eigenes Ich in der Zukunft schreiben. (Wie weit es in der Zukunft liegt, können Sie zuvor festlegen.)
3. Der Brief soll eine kurze Beschreibung der momentanen Situation, Stimmungs- und Gefühlslage enthalten und direkt an das Ich der Zukunft gerichtet sein. Dabei werden die Ziele, Wünsche und Hoffnungen so geschrieben, als seien sie für das Zukunfts-Ich bereits Fakt. Wer den Brief fertig geschrieben hat, steckt ihn in den Umschlag und adressiert ihn an sich selbst.
4. Sammeln Sie nun alle Briefe ein und schicken Sie sie den Teilnehmern einige Zeit später zu. (War die vorgegebene Zukunftszeit relativ kurz, also einige Monate bis zu einem Jahr, können Sie die Briefe tatsächlich nach Ablauf dieser Zeit abschicken.)

Variante

Anstatt die Briefe einzusammeln, können Sie sie den Spielern auch direkt mitgeben und diese bitten, nach Ablauf einer gewissen Zeit wieder hineinzusehen. Die andere Variante ist zwar wirkungsvoller, aber oft auch mit großem Aufwand verbunden, den Sie vielleicht nicht immer leisten können.

Teil 10

Abschlussspiele

In diesem Teil ...

... lernen Sie einige kurze aber stimmungsvolle Abschlussspiele kennen, mit denen Sie ihrem Programm oder auch einem einzelnen Programmblock ein rundes Ende verpassen können.

Abschlussspiele sind kleine Rituale am Ende eines Programmtages oder einer Unterrichtsstunde. Sie versorgen die Spieler noch einmal mit Energie und einem Gemeinschaftsgefühl, das sie mit auf den Heimweg nehmen können.

Gerade bei jüngeren Spielern hat das Ritual die Hauptfunktion, einen Rahmen zu bilden, der einen Wiedererkennungswert hat und damit ein Gefühl von Sicherheit vermittelt.

Nach einer intensiven Lernphase, in der sich die Spieler für längere Zeit konzentrieren mussten, bietet ein Abschlussspiel die Möglichkeit, die Schwere abzuschütteln und den Kopf für Neues freizubekommen.

Der Siebener

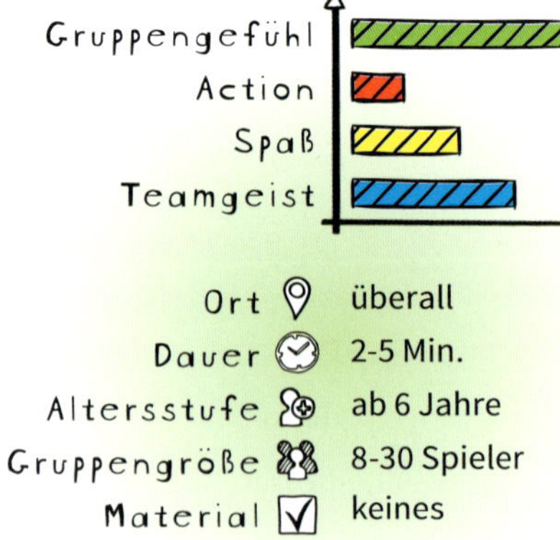

Ort: überall
Dauer: 2-5 Min.
Altersstufe: ab 6 Jahre
Gruppengröße: 8-30 Spieler
Material: keines

Wirkung des Spiels

Dies ist ein kurzes, kräftiges Abschlussritual, das gut vor einer längeren Pause oder am Ende eines Aktionstages eingefügt werden kann, um einen wiedererkennbaren Rahmen zu schaffen.

Anleitung

1. Die Spieler stehen im Kreis.
2. Nacheinander schlagen sie sich nun zunächst siebenmal mit den flachen Händen auf die Oberschenkel und klatschen dann siebenmal in die Hände. Danach wird beides wiederholt, diesmal jedoch nur je drei, danach je ein Mal.
3. Nach dem letzten Klatschen nehmen alle ihre Hände nach unten und strecken sie dann wie bei einer Laola-Welle nach vorne und schließlich nach oben.
4. Dabei rufen sie gemeinsam im Chor »und Tschüss«

Schulterklopfen

Gruppengefühl
Spaß
Spannung
Wertschätzung

Ort: überall
Dauer: 2-5 Min.
Altersstufe: ab 6 Jahre
Gruppengröße: 8-30 Spieler
Material: keines

Wirkung des Spiels

Mit diesem kurzen Abschlussspiel können sich die Spieler gegenseitig für die gemeinsame Zeit und die bestandenen Herausforderungen wertschätzen.

Anleitung

1. Die Gruppe steht im Kreis und der Spielleiter kündigt zum Abschluss noch eine extrem schwierige Aufgabe an, die die Spieler nun zu lösen haben.
2. Dafür müssen sie sich alle einmal nach rechts drehen, sodass sie im Kreis hintereinander stehen.
3. Alle heben dabei die rechte Hand und halten sie über die Schulter ihres Vordermannes.
4. Auf Ihr Kommando hin klopfen sich dann alle Spieler als Zeichen der Anerkennung auf die Schulter.
5. Anschließend drehen sie sich um und wiederholen das Klopfen bei ihrem linken Nachbarn.

Anmerkung

Das Ritual ist dann am wirkungsvollsten, wenn Sie bis zum Schulterklopfen immer mehr Spannung aufbauen und den Spielern erst im letzten Moment verraten, worum es eigentlich geht.

Yeeeeessssss-Ah!

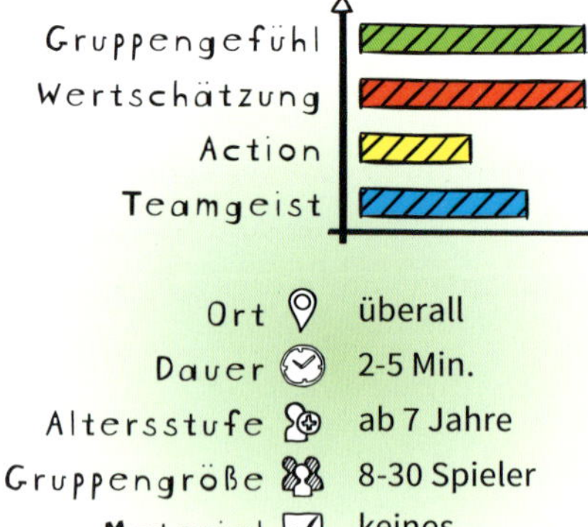

Wirkung des Spiels

Dieses kurze und kraftvolle Abschlussritual hilft den Spielern, die Anspannung, die sie nach Aufgaben, bei denen sie sich über einen langen Zeitraum konzentrieren mussten, wieder abzuschütteln und ist dabei ein symbolisches Lob von allen an die gesamte Gruppe für ihre guten Leistungen.

Anleitung

1. Die Spieler stehen im Kreis und halten händewedelnd die Arme in die Mitte. Dabei Atmen sie tief ein und sagen leise beginnend und immer lauter werdend »Yeeeeeeeeee...«, wobei sie allen einmal in die Augen schauen.
2. Abschließend rufen alle gemeinsam »...esssss-Ah!« und werfen die Hände in die Höhe.

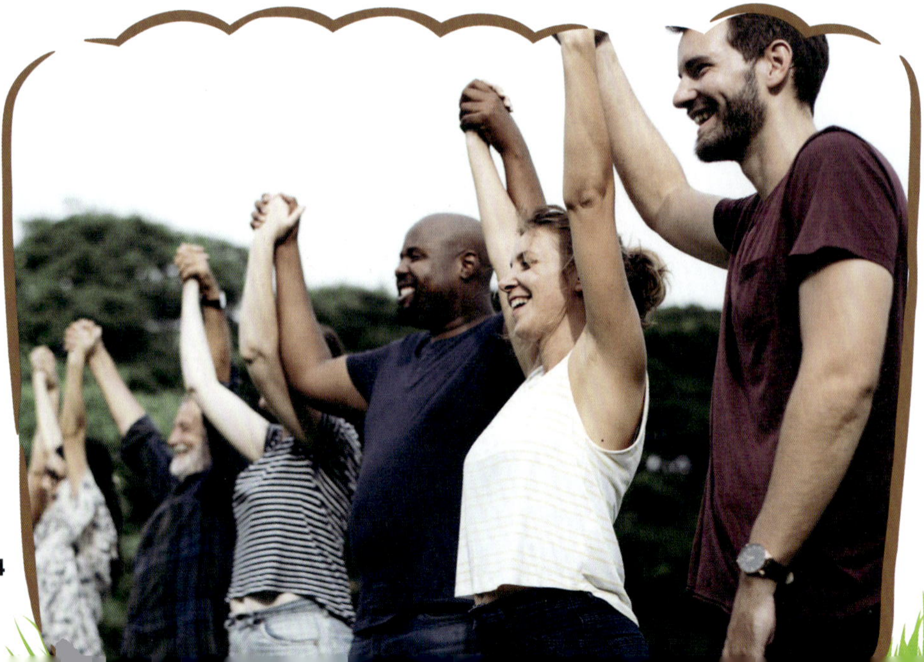

Sternenkreis

Rückblick
Entspannung
Gruppengefühl
Wertschätzung

Ort: überall
Dauer: 5-10 Min.
Altersstufe: ab 8 Jahre
Gruppengröße: 8-30 Spieler
Material: keines

Wirkung des Spiels

Der Sternenkreis ist ein sehr schönes, ruhiges Abschlussritual, bei dem sich die Spieler noch einmal ihre schönsten Erlebnisse in Erinnerung rufen und mit diesen dann den Heimweg antreten können.

Anleitung

1. Die Spieler stehen in einem Kreis, während Sie noch einmal durchgehen, was die Gruppe bislang alles gemacht hat. Dabei können die Spieler die Augen schließen und sich das Gesagte innerlich noch einmal vorstellen.
2. Anschließend schauen alle nach oben und stellen sich – sofern es nicht Nacht ist – einen Sternenhimmel vor.
3. Jeder streckt dabei seine rechte Hand empor und »pflückt« mit dieser den Stern, der für ihn für das schönste Erlebnis mit der Gruppe steht, und legt ihn symbolisch als ein Geschenk in die linke Hand des übernächsten Nachbarn.
4. Dabei fassen sich der Geber und der Nehmer an den Händen.
5. Alle nehmen ihre Arme nach vorne und mit etwas Schwung wieder zurück nach außen, wobei sie die Hände der anderen loslassen und einen Schritt zurückgehen.

Dankbarkeitsketten

Wertschätzung
Selbsterfahrung
Gruppengefühl
Vertrauen

Ort	überall
Dauer	15-20 Min.
Altersstufe	ab 9 Jahre
Gruppengröße	ab 5 Spieler
Material	Stifte, Papier, Klebeband

Wirkung des Spiels

Dies ist eine sehr wirkungs- und kraftvolle Abschlussaktion bei der sich alle Teilnehmer gegenseitig ihre Wertschätzung und Dankbarkeit ausdrücken können. Dadurch wird das Selbstwertgefühl der Einzelnen wie auch der Zusammenhalt in der Gruppe nachhaltig gesteigert.

Anleitung

1. Alle Teilnehmer bekommen einen Zettel auf den Rücken geklebt und jeder erhält einen Stift.
2. Die Teilnehmer gehen nun frei durch den Raum. Immer wenn sie dabei auf eine andere Person treffen, schreiben sie auf deren Zettel eine positive Aussage. Das kann entweder eine positive Eigenschaft oder auch eine spezielle Situation sein, in der diese Person etwas getan hat, wofür ihr die andere sehr dankbar ist.
3. Nach Ablauf der Zeit werden die Zettel abgenommen und gefaltet. Jeder darf seinen Zettel dann erst auf dem Heimweg oder zu Hause lesen.

Achtung

Für dieses Spiel ist es wichtig, dass in der Gruppe bereits ein recht gutes Klima herrscht. In einer Gruppe, bei der es Außenseiter oder starke Rivalitäten gibt, kann die Übung evtl. nach hinten losgehen.

Teil 11

Tipps für den perfekten Spielleiter

In diesem Teil ...

... verraten wir Ihnen wichtige Tipps, um als Spielleiter auf alles vorbereitet zu sein. Denn das Wort »Spielleiter« klingt trügerisch harmlos. Tatsächlich aber werden Sie, sobald Sie diese Rolle übernehmen, fast automatisch zu einer Projektionsfläche für sämtliche Konflikte innerhalb der Gruppe. Sie sind derjenige, der die Teilnehmer vor Herausforderungen stellt und sie dazu bringt, an ihre Grenzen zu stoßen und all das wahrzunehmen, was sie bisher stets erfolgreich verdrängt haben. Dadurch werden Sie zu einem Spiegel, in dem die Teilnehmer ihren persönlichen Lebensthemen, Ängsten, Schattenseiten und Dämonen entgegenblicken. Es ist daher fast unvermeidlich, dass sie auch ihre Gefühle wie Wut, Frustration, Verzweiflung, Trauer etc. auf Sie projizieren werden. Dies gilt insbesondere für die kooperativen Abenteuerspiele, denn hier tritt die Gruppe geschlossen gegen Sie als »Gegner« an. Sie sind derjenige, der ihnen sagt, was sie »falsch« machen und warum sie scheitern. Sie sind derjenige, der sie die gleiche Übung immer und immer wieder machen lässt, bis sie einen Weg gefunden haben, sie wirklich zu lösen.

Sie sind also niemals einfach nur Spielleiter. Sie sind Mentor, Teamtrainer, Coach und Lebensberater. Darin liegt eine unglaubliche Chance, das Leben Ihrer Teilnehmer positiv zu beeinflussen und ihnen neue Türen und Wege zu eröffnen. Es liegt aber auch eine große Verantwortung darin. Sie müssen bereit sein, das Wohl und die Entwicklung der Teilnehmer über die Beziehung zu ihnen zu stellen. Es ist nicht Ihre Aufgabe, von den Teilnehmern gemocht zu werden. Es ist Ihre Aufgabe, von ihnen als Mentor akzeptiert und respektiert zu werden. Dazu gehört auch, dass Sie all die unangenehmen Wahrheiten aussprechen, vor denen sie normalerweise behütet werden. Nur dann können Sie wirklich etwas bewegen. Nur dann wird Ihr Programm eine Tiefe und Nachhaltigkeit bekommen und nicht nur eine reine Bespaßung sein.

Damit Ihnen das gelingt, brauchen Sie vor allem drei Dinge:

1. Ein sicheres und professionelles Auftreten als Gruppenleiter, damit die Teilnehmer Ihnen als Mentor vertrauen können und sowohl Sie als auch Ihre Entscheidungen respektieren und ernst nehmen.
2. Die Fähigkeit, die Gruppe auch in schwierigen Situationen immer wieder zu motivieren, ihre Konflikte und Problemthemen aufzufangen und abzufedern, ihre Konzentration hochzuhalten und sie durch hochemotionale und schmerzhafte Prozesse zu führen.
3. Einleuchtende und prägnante Antworten auf die Fragen der Teilnehmer. Zudem müssen Sie erkennen können, wann die Fragen aus echtem Interesse gestellt werden und wann sie der Provokation oder der Untergrabung Ihrer Autorität dienen sollen.

WIE KANN ICH ALS GRUPPENLEITER SELBSTSICHER UND ÜBERZEUGEND AUFTRETEN?

Unsere Worte machen nur einen winzigen Teil dessen aus, was bei unserem Gegenüber ankommt. Es reicht daher nicht aus, wenn Sie die Spielbeschreibungen auswendig lernen und Ihren Teilnehmern perfekt herunter beten können. Viel wichtiger als das, was Sie sagen, ist die Art und Weise, wie sie es sagen. Achten Sie deshalb auf Ihre gesamte Präsenz, wenn Sie vor die Gruppe treten. Bedenken Sie dabei, dass vor allem der erste Eindruck ausschlaggebend ist. Wir entscheiden in der Regel innerhalb der ersten Millisekunde, was wir von diesem Menschen halten. Wenn Sie sich in diesem Moment als schwach, manipulierbar, unsicher und inkonsequent präsentieren, wird es im Nachhinein fast unmöglich werden, sich den Respekt der Gruppe zu verdienen.

Beachten Sie jedoch, dass Menschen, auch wenn wir es selbst oft nicht merken, sehr feinfühlige und intuitive Wesen sind. Es hilft Ihnen also nichts, eine Selbstsicherheit vortäuschen zu wollen, die Sie nicht besitzen. Dadurch wirken Sie zu allem Überfluss auch noch unauthentisch.

Anhand Ihrer eigenen Vorerfahrungen im Umgang mit anderen Menschen werden Sie bereits wissen, ob es Ihnen leicht oder schwer fällt, selbstbewusst und präsent vor eine Gruppe zu treten oder nicht. Wenn Sie hier ein Thema haben, nutzen Sie Ihre Tätigkeit als Spielleiter, um sich permanent zu verbessern und Ihre Unsicherheit abzubauen. Beachten Sie jedoch in jedem Fall, dass Sie es unter Umständen mit Gruppen zu tun haben werden, die sehr unruhig sind und die vielleicht nicht freiwillig mit Ihnen arbeiten möchten.

Hier ein paar Tipps, für den Fall, dass Ihnen eine selbstbewusste Gruppenführung schwerfällt:

- Achten Sie auf Ihre Körperhaltung. Stehen Sie gerade und beugen Sie weder den Kopf noch die Schultern nach vorne. Vermeiden Sie es, die Beine zu überschlagen, wodurch Sie sich selbst eines Standbeins berauben. Nutzen Sie Ihre Hände gezielt aber dezent, um Ihre Worte zu unterstützen. Bei Ihrer Ansage starr dazustehen und die Hände auf dem Rücken oder vor dem Bauch zu verschränken, als wären Sie eine Leiche, ist nicht besonders hilfreich. Ebenso wenig positiv wirkt es jedoch, wenn Sie wild damit herumzappeln oder jedes einzelne Wort mit einer energischen Bewegung betonen. Beobachten Sie bekannte und erfolgreiche Redner und achten Sie darauf, wie diese mit Ihren Gesten umgehen. Bleiben Sie natürlich und vermeiden Sie jede Form der Übertreibung. Gerade als Anfänger kann es zudem hilfreich sein, etwas in den Händen zu halten und diesen dadurch eine sinnvolle Aufgabe zu geben. Karteikarten mit dem Programmplan zum Beispiel.

- Sprechen Sie laut und deutlich. Schreien Sie aber nicht, wenn es nicht nötig ist, und achten Sie darauf, dass Sie nicht aus Versehen in die Kopfstimme wechseln. Viele Menschen neigen dazu, ein bis zwei Oktaven höher zu sprechen als üblich, wenn sie sich in einer Situation unsicher fühlen. Befragen Sie am besten auch Ihre Ko-Trainer, ob Ihnen dies passiert ist, und trainieren Sie sich mit jedem neuen Versuch.
- Formulieren Sie Ihre Ansagen so klar und deutlich wie nur möglich. Lassen Sie keinen Platz für Interpretationsspielraum. Verzichten Sie auf Weichmacher-Worte wie »könnte«, »sollte«, »möglichst« etc. Die Regeln sind, wie sie sind, und daran gibt es nichts zu rütteln. Das muss von der ersten Sekunde an klar stehen. Hier sind Spielteilnehmer wie Bestien oder besser wie Anwälte, die sich auf jede noch so kleine Lücke im Regelsatz stürzen.
- Seien Sie konzentriert und aufmerksam. Legen Sie Ihren Fokus dabei im Wechsel auf die Stimmung in der Gruppe als Ganzes und auf die einzelnen Personen. Auf diese Weise verhindern Sie zum einen, dass sie durch plötzliche Stimmungsänderungen oder auch durch ein unvorhergesehenes Verhalten eines Einzelnen überrascht und aus dem Konzept gebracht werden. Zum anderen geben Sie Ihren Teilnehmern das Gefühl, wahrgenommen zu werden.

Greifen Sie frühzeitig ein, wenn Sie merken, dass ein Teilnehmer den Programmablauf stört oder dass die Gruppenstimmung zu kippen droht. Das Schlimmste, was Sie tun können, ist es, mögliche Problemherde zu ignorieren und zu warten bis diese überkochen. Überlegen Sie sich daher zuvor klare Konsequenzen und teilen Sie diese den Teilnehmern gleich am Anfang mit. Machen Sie sich zudem Gedanken darüber, was alles eine Konsequenz nach sich ziehen muss: Fehlverhalten in der Gruppe, Regelverstöße im Spiel, unpünktliches Erscheinen, Unaufmerksamkeit während der Ansagen etc. Hierbei ist es wichtig, konsequent zu sein und sich nicht im Laufe der Zeit aufweichen zu

lassen. Schließen Sie deshalb gleich zu Beginn des Programms einen Vertrag mit den Teilnehmern. Dieser kann sowohl mündlich als auch schriftlich sein, was vor allem von der »Schwierigkeit« der Gruppe als solche bzw. von ihrem Konfliktpotenzial abhängt. In jedem Fall sollte es aber eine Art Ritual oder Zeremonie geben, in der die Teilnehmer bestätigen, dass sie die Gruppenregeln für die kommende, gemeinsame Zeit anerkennen.

WIE KANN ICH DIE KONZENTRATION IN DER GRUPPE AUFRECHTERHALTEN?

Um als Spielleiter wie auch als Mentor erfolgreich sein zu können, ist es wichtig, dass Sie die Stimmung der gesamten Gruppe wie auch jedes Einzelnen permanent im Blick haben. Welchen Teilnehmern fällt es besonders schwer, sich für längere Zeit zu konzentrieren. Wo sind Störenfriede und »Klassen-Clowns«, die die Konzentration der anderen auf sich lenken? Wo gibt es Spannungen und Konfliktpotenziale? Wo sind Verweigerer und Motivations-Killer, die auf nichts Lust haben und versuchen, die Gruppenstimmung herunterzuziehen? Wie groß ist die Frustrationstoleranz der Gruppe und jedes Einzelnen, also das Maß, in dem sie Rückschläge hinnehmen können, bevor es zum Ausbrechen von Konflikten oder zu Resignation und Aufgabe kommt?

All diese Fragen sollten Sie möglichst frühzeitig beantworten können, damit Sie wissen, wann Sie eingreifen müssen und wann Sie einen Konflikt bewusst ausbrechen lassen, um ihn später reflektieren zu können. Beachten Sie: Die Spiele in diesem Buch dienen dazu, die Persönlichkeit und die Gruppendynamik zu entwickeln. Es geht nicht darum, die Aufgaben möglichst schnell und reibungslos zu lösen, sondern gerade an den auftauchenden Problemen zu erkennen, wo ein Entwicklungsbedarf besteht.

Ihre Aufgabe besteht also nicht darin, die Teilnehmer permanent bei bester Laune zu halten und dafür zu sorgen, dass sie immer perfekt motiviert und von allem begeistert sind. Vielmehr geht es darum, die Balance zu schaffen zwischen konzentriertem und motiviertem Vorankommen und dem Ausbrechen von Gefühlen und Konflikten, die normalerweise unter der Oberfläche brodeln. Wichtig dabei ist jedoch, dass Sie sich stets sicher sind, dass Sie alles, was an die Oberfläche kommt, auch wieder auffangen können. Sonst besteht die Gefahr, dass Sie mit Ihrem Programm mehr Konflikte, Ängste, Blockaden und Traumata auslösen, als Sie auflösen können.

Wenn Sie dieses Buch von vorne bis hinten durchblättern, werden Sie merken, dass es einige Kapitel gibt, deren Spiele eine hohe Konzentration erfordern, während andere zum Abschalten, Auspowern und Entspannen dienen. Dies ist ganz bewusst so gewählt, und Sie sollten darauf achten, dass Sie diese Spieltypen auch während Ihres Programms gut miteinander mischen. Dadurch erleichtern Sie es Ihren Teilnehmern, so lange wie möglich konzentriert zu sein. Machen Sie sich jedoch auch bewusst, dass Sie in gewisser Hinsicht der Anführer der Gruppe sind. Das bedeutet, dass die Konzentration innerhalb der Gruppe vor allem auch von Ihnen als Spielleiter abhängt. Je präsenter Sie sind, je mehr die Gruppe Sie respektiert, je klarer Ihr Programmablauf ist und je bewusster den Teilnehmern die möglichen Konsequenzen für »Fehlverhalten« sind, desto leichter wird es Ihnen fallen, die Konzentration aufrechtzuerhalten.

Besonders die Vertrauensspiele erfordern ein hohes Maß an Konzentration, da es hier sonst leicht zu Verletzungen kommen kann. Entscheiden Sie daher im Zweifelsfall, ob Sie die Übung abbrechen und mit etwas anderem fortfahren oder ob Sie durch eine Intervention die Konzentration wieder steigern können. Beispielsweise durch eine motivierende Ansprache oder eine Umpositionierung der Teilnehmer.

ZEHN FRAGEN, AUF DIE SIE VORBEREITET SEIN SOLLTEN:

Die folgenden Fragen werden Ihnen als Spielleiter von den Teilnehmern immer wieder gestellt werden. Es handelt sich in der Regel jedoch nicht um Interessenfragen, sondern um Versuche, den Herausforderungen der gestellten Spiele und den damit verbundenen Prozessen zu entgehen. Wenn sich die Teilnehmer bestimmten Themen nicht stellen wollen, werden sie versuchen, Sie mit Hilfe solcher Fragen zu manipulieren oder Ihre Autorität zu untergraben.

1. **Was hat dieses Spiel für einen Sinn?**
   Dies ist eine Frage, mit der Sie sich vor jedem Spiel auch selbst auseinandersetzen sollten. Vor allem bei Kooperationsaufgaben und Vertrauensübungen ist es wichtig, dass Sie diese niemals ohne eine Absicht anleiten. Die Spiele sind so konzipiert, dass sie die versteckten Verhaltensmuster, Konfliktpotenziale, Ängste und Schwächen, aber auch Talente, Stärken und Potenziale der Teilnehmer ans Tageslicht fördern. Sie sind also zunächst einmal ein Hilfsmittel zur Analyse und Diag-

nose der Gruppe wie auch jedes einzelnen Teilnehmers. Mit ihrer Hilfe lassen sich Muster erkennen, mit deren Hilfe sich die Teilnehmer selbst sabotieren, ohne dass sie sich dessen bewusst sind. Gleichzeitig können sie erste Erfahrungen mit neuen Wegen machen, die sie im Spiel in einem sicheren Rahmen ausprobieren können. Wenn es dann noch im Anschluss gelingt, das im Spiel erkannte und erfahrene auf den Alltag zu transferieren, lassen sich mit ihrer Hilfe langfristige und nachhaltige Wandlungsprozesse anstoßen. Dies gilt wie gesagt für die Kooperations- und Vertrauensspiele. Andere Spiele haben durchaus einfach nur den Sinn, die Stimmung aufzulockern, Spaß zu haben oder sich auszupowern.

2. **Warum müssen wir bei den Kooperationsspielen immer wieder von vorne beginnen?**

Wenn wir uns zum ersten Mal mit der menschlichen Psyche befassen, haben wir zumeist das Gefühl, dass diese unglaublich komplex und kompliziert ist. Zum Teil mag das auch stimmen, aber zu einem weiteren Teil sind wir auch ganz simpel und einfach gestrickt. So gibt es in jedem von uns gewisse Gefühlsketten, die wir in unserer frühsten Kindheit aufgebaut haben und die wir fast unser ganzes Leben lang mitnehmen. Es sind bestimmte Abläufe von Gefühlen, die in uns aufkommen und die uns zu einem bestimmten Verhalten drängen, das ebenfalls typisch für uns ist. Diese Gefühlsketten laufen in uns immer und immer wieder aufs Neue ab, viele hundert- oder gar tausendmal am Tag, ohne dass wir uns dessen wirklich bewusst sind. Im Alltag durchleben wir dabei normalerweise immer wieder neue Situationen, die sich von den vorhergehenden unterscheiden. Daher fällt es uns schwer, unsere Gefühlsmuster zu erkennen, da sie ja immer wieder in einen neuen Kontext eingebettet werden. Anders als ein Kooperationsspiel lässt das reale Leben leider nicht die Option zu, dass man nochmal von vorne beginnen darf, wenn man merkt, dass man einen Fehler gemacht hat, um dann die gleiche Situation noch einmal neu zu durchleben.

Durch die permanenten Wiederholungen bei den Kooperationsspielen werden unsere unterschwelligen Gefühlsketten plötzlich sichtbar. Obwohl man vom Kopf her verstanden hat, welche Fehler beim letzten Mal zum Scheitern geführt haben, verhält man sich wieder genau wie zuvor und kann selbst nicht verstehen warum. Je öfter dies passiert, desto aufmerksamer nimmt man die eigenen Gefühle in diesen Momenten wahr und erkennt (häufig durch Unterstützung des Spielleiters oder der anderen Teilnehmer) das Muster dahinter.

Aus psychologischer Sicht lässt sich erkennen, dass wir unser Leben lang immer und immer wieder die gleichen Probleme kreieren, denen wir auf die gleiche Weise begegnen und bei denen wir uns immer und immer wieder fragen, warum sich nichts ändert. Kaum etwas macht diesen Mechanismus so schön sichtbar wie die Kooperationsspiele. Denn wenn es uns gelänge, unsere Fehler beim ersten Mal zu erkennen und anschließend abzustellen, dürfte kein Spiel zweimal hintereinander aus den gleichen Gründen scheitern. Doch genau das ist der Fall. Und gerade hierin steckt ihr großes Potenzial. Sehr häufig ist es also nicht das Ziel, sich mit jedem neuen Versuch ein kleines bisschen weiterzuentwickeln. Es geht vielmehr darum herauszufinden, warum diese Entwicklung so häufig eben gerade nicht stattfindet und man sich wie ein Brummkreisel immer wieder um die eigene Achse dreht. Gelingt es einem, die Gefühlsketten und den verbundenen Teufelskreis der Verhaltensmuster zu erkennen, ist dies der erste wichtige Schritt, um sie zu durchbrechen und abzulegen.

3. **Kann ich nicht doch in eine andere Gruppe wechseln?**
Wenn Sie Gruppen mithilfe von unseren Gruppenfindungsspielen einteilen, wird es früher oder später passieren, dass Teilnehmer mit ihrer Gruppe unzufrieden sind und lieber wechseln möchten. Als freundlicher und zuvorkommender Seminarleiter sind sie vielleicht schnell versucht, der Bitte nachzugeben. Erinnern Sie sich jedoch daran, warum Sie die Einteilung nicht gleich den Teilnehmern überlassen haben. Finden Sie heraus, warum der Teilnehmer nicht in diese Kleingruppe möchte. Dies wird Ihnen sehr viel über die Gruppendynamik verraten und auf unterschwellige Konfliktthemen hinweisen, die vielleicht auch für den gesamten Seminarerfolg entscheidend sind. Denn auch dahinter versteckt sich häufig der Wunsch, einer Herausforderung aus dem Weg zu gehen und somit nicht lernen und keine Entwicklungsschritte tätigen zu müssen. Wann immer diese Frage kommt, sollten Sie also hellhörig werden, denn in diesem Moment geht der betroffene Teilnehmer mit der Gruppenkonstellation in Resonanz. Das passiert nur, wenn es hier ein offenes

Thema gibt. Nutzen Sie die Frage daher als Hinweis, um herauszufinden, welches Thema dies ist.

4. **Muss ich da mitspielen?**
   Auch hinter dieser Frage verbirgt sich ein typisch menschliches Verhaltensmuster, das uns aus der Psychologie nur allzu bekannt ist. Wenn wir es vermeiden, uns Herausforderungen und Schwierigkeiten zu stellen, dann müssen wir uns auch nicht mit uns selbst beschäftigen und können nichts entdecken, das uns vielleicht stört.

   Sie werden feststellen, dass es in nahezu jeder Gruppe einige Teilnehmer gibt, die sich immer wieder vor den Spielen drücken wollen. Vor allem wenn sie erkennen, dass diese ein Konflikt- und Entwicklungspotenzial enthalten. Auch hier gilt es, das Muster zu durchbrechen und es gerade diesen Teilnehmern nicht durchgehen zu lassen. So wie andere Teilnehmer immer wieder die gleichen Fehler machen, neigen diese dazu, Fehler zu vermeiden, indem sie es erst gar nicht versuchen. Auch dies ist ein Verhaltensmuster, das dem Betroffenen im Leben wie ein riesiger Fels im Weg liegt. Als Spielleiter haben Sie nun die einmalige Chance, ihm das bewusst zu machen und damit vielleicht einen wichtigen Prozess anzustoßen.

5. **Wäre das Spiel nicht besser, wenn...?**
   Hinter dieser Frage steckt eine ganz ähnliche Absicht wie hinter der vorherigen. Wenn es mir gelingt, die Regeln des Spiels einfach abzuändern, sodass es keine Herausforderung mehr für mich darstellt, dann brauche ich auch keine Angst vor dem Scheitern haben. Hier ist es wichtig, dass Sie sich nicht auf derartige Verhandlungen einlassen. Denn wenn Sie dies tun, öffnen Sie damit eine Tür, die Sie so leicht nicht mehr schließen können. Sie teilen Ihrer Gruppe mit, dass die Regeln, die Sie machen, grundsätzlich verhandelbar sind. Damit geben Sie die Führung über die Gruppe aus der Hand und fügen Ihrer Rolle als Mentor einen kaum reversiblen Schaden zu. Geben Sie Ihrer Gruppe stattdessen zu verstehen, dass alles, was Sie tun, immer einen tieferen Sinn hat, auch wenn sich dieser vielleicht nicht sofort erschließt. Sie werden feststellen, dass es häufig vorkommt, dass Ihre Gruppe diesen Sinn am Ende erkennt, selbst wenn Sie selbst nicht einmal etwas davon wussten.

6. **Ich habe das Spiel nicht verstanden. Können Sie das noch mal erklären?**
Diese Frage taucht vor allem bei jungen Teilnehmern immer und immer wieder auf, wenn diese erkannt haben, dass Erwachsene ihnen Aufmerksamkeit schenken, wenn sie sich dümmer stellen als sie sind. Um dies zu verhindern, ist es am besten, wenn Sie den Teilnehmern von vornherein klarmachen, dass Sie jedes Spiel nur ein einziges Mal erklären werden und dass es dann eine begrenzte Zeit für Rückfragen gibt. Am Ende suchen Sie sich einen oder zwei Teilnehmer heraus, die noch einmal wiederholen sollen, was sie verstanden haben. Lassen Sie sich bei der Fragerunde nicht in Details verstricken, sondern geben Sie aufkommende Einzelfragen an die Gruppe ab. Das Wissen ist in der Gruppe bereits vollständig vorhanden, auch wenn nicht alle auf Anhieb alles verstanden haben.

Merken Sie sich aber stets die Teilnehmer, bei denen Sie den Eindruck haben, dass diese auffällig viel und unnötig fragen, sodass Sie auch dies in der Abschlussrunde reflektieren können.

7. **Warum soll ich bei einer Reflexion über meine Gefühle sprechen?**
Unglücklicherweise leben wir in einer Gesellschaft, in der wir es nicht gewohnt sind, offen und ehrlich über unsere Gefühle zu sprechen. Wir werden im Gegenteil eher dazu erzogen, unsere Gefühle so gut wie möglich zu verschweigen und zu verstecken. Besonders schwierig ist dies in Regionen, in denen viele verschiedene Kulturen aufeinander prallen, die auch noch alle ihre eigenen Regeln und Methoden der Gefühlsunterdrückung haben. Daher kommt es nicht selten vor, dass einige Ihrer Teilnehmer in den Reflexionsrunden zum ersten Mal in ihrem Leben aufgefordert werden, über ihre Gefühle zu sprechen. Dies kann durchaus überfordernd wirken, und es passiert leicht, dass Sie Ihrer Gruppe gegenüber sitzen und in eine Kollektion aus netten, aber toten Masken blicken. Gerade Kinder und Jugendliche lieben es zudem, die Meinung, die sie über eine Situation äußern, der vorangegangenen anzupassen. Das bedeutet, dass Sie auf die Frage »Wie ist es euch mit der Aufgabe ergangen?« häufig ein kollektives »Gut!« zurückbekommen, in der Hoffnung, dass das Thema damit abgehakt ist.

Dies ist natürlich nicht hilfreich, denn Fortschritte können Sie mit Ihrer Gruppe nur dann machen, wenn sich die Mitglieder öffnen und wenn sie Ihnen und ihren Team-

kollegen vertrauen. Der einzige Weg, mit dem Ihnen dies gelingt, ist häufig, mit gutem Beispiel voranzugehen. Denn es ist eine Art Grundgesetz der Gruppenführung, dass sich eine Gruppe immer nur so weit öffnen kann wie ihr Leiter. Beginnen Sie die Runde daher gerne mit einer Anekdote aus Ihrem eigenen Leben, und berichten Sie den Teilnehmern offen von Ihren eigenen Ängsten, von Fehlern und Blockaden, Peinlichkeiten oder Pannen. Erzählen Sie es so, als sei es das normalste der Welt, darüber zu sprechen, und wählen Sie Ihre Geschichten stets so aus, dass sie die Gruppenstimmung widerspiegeln. Sie selbst haben das vorangegangene Spiel ja genau beobachtet und wissen daher, welche Problemstellungen zentral sind. Gibt es in der Gruppe beispielsweise eine Scheu im Kontakt zwischen Frauen und Männern, erzählen Sie davon, wie Sie früher eine Blockade in diesem Bereich hatten und diese dann abbauen konnten. Vorausgesetzt natürlich, Sie haben etwas Derartiges erlebt. An dieser Stelle ist es wichtig, vollkommen authentisch zu sein, denn Sie erwarten ja auch vollkomme Offenheit von Ihren Teilnehmern. Spielen Sie diesen lediglich etwas vor, werden Sie auch nur Schauspielerei zurückbekommen.

Wichtig: Es geht in diesem Fall um die Authentizität Ihrer Gefühle, nicht um den Wahrheitsgehalt der Geschichte. Wenn die Gefühle darin echt sind, können Sie die Rahmenstory durchaus anpassen, sodass sie von den Teilnehmern am leichtesten verstanden werden kann und sodass sie am besten auf die aktuelle Situation passt. Sorgen Sie zudem stets dafür, dass der Reflexionsraum bzw. Ihr gesamter Programmraum ein sicherer Rahmen ist, in dem jedem mit Respekt und Akzeptanz begegnet wird. Ihre Teilnehmer werden nur in die Gruppe vertrauen können, wenn diese das Vertrauen auch verdient hat. Die Grundregeln, auf deren Einhaltung Sie strikt achten müssen, lauten daher:

- Gefühle sind niemals falsch. Wenn jemand etwas fühlt, ist dies immer zu 100 % in Ordnung.
- Sage das, was du denkst und fühlst, aber benutze deine feinsten Worte dazu! Dies bedeutet auch, dass man stets nur von sich aus spricht und niemand anderen für die Gefühle verantwortlich macht. Also: »Ich bin wütend!« anstelle von »Du machst mich wütend!«
- Niemand wird für seine Gefühle verspottet, ausgelacht, gehänselt oder erniedrigt.
- Was in der Gruppe besprochen wird, bleibt in der Gruppe.

Dieser Bereich ist nicht selten die schwerste Aufgabe für Sie als Gruppenleiter, denn Sie müssen es hier zum einen schaffen, dass sich die Teilnehmer öffnen und dass Konflikte offen auf den Tisch kommen. Zum anderen müssen Sie aber auch stets in der Lage sein, die Situation zu fangen und eventuelle Ausschreitungen sofort zu unterbinden. Aus diesem Grund bedarf vor allem die Reflexion viel Übung und Fingerspitzengefühl.

8. **Warum sollte ich mir die Namen der anderen Seminarteilnehmer merken?**
Sich den Namen eines anderen zu merken, ist eine erste Geste des gegenseitigen Respekts und es ist die Grundlage, um überhaupt eine tiefere Beziehung aufbauen zu können. Wenn Teilnehmer also das Gefühl haben, dass es sich für sie nicht lohnt, die Namen der anderen zu lernen, dann drücken sie damit eigentlich aus, dass sie nicht glauben, in dieser Gruppe ankommen zu können oder zu wollen. Es ist ein deutliches Zeichen für eine emotionale Verweigerung gegenüber dem Gruppenprozess, selbst dann, wenn der Teilnehmer aus Höflichkeit sonst bei allem mitmacht. Machen Sie Ihren Teilnehmern daher bewusst, dass es nicht nur darum geht, gemeinsam ein paar Spiele zu spielen, sondern ein Team der gegenseitigen Unterstützung zu werden.

9. **Warum dauert das so lange?**
Kooperationsaufgaben können sich zum Teil sehr lange hinziehen und haben nicht selten Phasen, in denen sie langatmig werden. Dies liegt daran, dass sie alles spiegeln, was an Themen in einer Gruppe steckt. Jede Unkonzentriertheit der Teilnehmer, jede Kommunikationsblockade, jeder Egotrip, jeder unterschwellige Konflikt führt dazu, dass die Gruppe keinen Erfolg hat. Dadurch dauert das Spiel also umso länger, je weniger gut eine Gruppe funktioniert. Kooperationsspiele machen auf spielerische Weise deutlich, dass jede Handlung Konsequenzen hat. Selbstreflektiertheit, Motivation, Zusammenhalt, Offenheit und Innovation haben die Konsequenz, dass das Spiel für alle freudig, kurzweilig und erfolgreich wird. Unmotiviertheit, Egotrips, gegenseitige Schuldzuweisungen und ähnliches führen dazu, dass man sich immer wieder im Kreis dreht und dass sich das Spiel in die Länge zieht. Gerade diese Langatmigkeit-Phasen sind aber für den Entwicklungsprozess besonders wertvoll, da hierbei die meisten Teilnehmer ihre Masken ablegen und

ihre wahren Gefühle zeigen. Solange alles gut läuft, kann man leicht in seiner einstudierten Rolle bleiben. Tauchen jedoch Probleme auf, die unlösbar erscheinen, treten plötzlich alle unterschwelligen Mechanismen an die Oberfläche, die wir im Alltag normalerweise vor uns selbst wie auch vor anderen verstecken. Wenn es Ihnen hier gelingt, die Teilnehmer auf die richtigen Punkte aufmerksam zu machen, sodass sie selbst ein tieferes Verständnis von sich, aber auch von ihren Mitmenschen bekommen, kann dies eine unglaublich heilsame Wirkung haben.

10. **Was kann ich dafür, dass die anderen nicht wollen?**
Eine der stärksten Schwellen, in die Menschen bei Schwierigkeiten geraten, ist die Annahme, alle außer mir seien schuld. Wenn etwas nicht läuft, suchen wir den Fehler dafür meist zunächst bei den anderen. Für Sie als Spielleiter ist es wichtig, dass sie diese Tendenz transparent machen. Finden Sie heraus, was die wahren Ursachen für die Unmotiviertheit oder die fehlende Initiativkraft der Teilnehmer sind. Die Themen und Blockaden, die sie im Spiel hemmen, sind die gleichen, die ihnen auch im Alltag immer wieder im Wege stehen. Stellen Sie Ihren Teilnehmern daher immer wieder die Frage, was sie glauben lässt, andere seien für ihr Glück verantwortlich. Fragen Sie, ob sie sich zu 100 % sicher sein können, dass dies der Wahrheit entspricht! Was bringt es den Teilnehmern für einen Vorteil, die Verantwortung für ihr eigenes Leben an andere bzw. an die Situation, die Schule, den Staat, die Ausländer, die Wirtschaftslage, das Wetter oder ähnliches abzugeben? Wie könnte ihr Leben aussehen, wenn sie die Verantwortung selbst übernehmen würden und damit die Macht hätten, selbst der Schöpfer ihres eigenen Glücks zu werden?

Bildnachweise

Icons im Inhaltsverzeichnis und Inhalt:
Wonder-studio, irina_yuzh16, ONYXprj, veekicl

Leichtfertige Annahmen über den Leser:
S. Mirko Raatz, S. 7

Vorwort / Einleitung:
ARochau, S. 14; Mirko Raatz, S. 16

Namensspiele:
pressmaster, S. 18; manfredsteger, S.19; BillionPhotos.com, S. 20; von Lieres, S.21; alonaphoto S.22; Drobot Dean, S. 23; ARochau, S. 25; ARochau, 27; Waler, S. 28; Pavel Losevsky, S.30

Kennenlernspiele:
Robert Kneschke, S. 32; Rawpixel.com, S. 32; Klaus Eppele, S. 37; Pixel-Shot, S. 38; Robert Kneschke, S. 39; Robert Kneschke, S. 40; linghaa, S. 41; kharchenkoirina, S. 42; MaFiFo, S. 43

Spiele zur Gruppenfindung:
ARochau, S. 44; Rawpixel.com, S. 47; Africa Studio, S. 48; Markus Mainka, S. 49; Andrii Yalanskyi, S. 50; Tyler Olson, S. 52; Brian Jackson, S. 54; detailblick-foto, S. 55; Александра Вишнева, S. 56

Aufwärmspiele:
IdeaBug, Inc., S. 58; G. Lombardo, S. 61; Rawpixel.com, S. 64; komokvm, S. 65; Moroz V'yacheslav, S. 66; Eric Isselée, S. 71; 2xSamara.com, S. 73; ia_64, S. 74; pressmaster, S. 77

Geländespiele:
Alexandr Vasilyev, S. 78; Evgeniy Kalinovskiy, S. 82; Sergey Novikov, S. 85; hakase420, S. 87; Rawpixel.com, S. 89; catalyseur7, S. 91; Daniel Ernst, S. 93; Free_styler, S. 95; Sergey Novikov, S. 96

Wahrnehmungsspiele:
Robert Kneschke, S. 100; MEDIAIMAG, S. 103; Jacob Lund, S. 105; master1305, S. 106; Racle Fotodesign, S. 107; ARochau, S. 109; kerstiny, S. 115; luismolinero, S. 117

Vertrauensspiele:
gpointstudio, S. 118; Heiko Gärtner, S. 121; Mediteraneo, S. 123; Eric, S. 127; hin255, S. 131; gpoinstudio, S. 133

Kooperationsspiele:
Александра Вишнева, S. 136; Robert Kneschke, S. 141; ARochau, S. 143; jayfish, S. 145; Wayhome Studio, S. 149; johannes, S. 153; Александра Вишнева, S. 155; JoergSteber, S. 159; Eigenes Bild, S. 162;

Reflexionsmethoden:
ARochau, S. 164; Krakenimages.com, S. 168; Mediteraneo, S. 174; micromonkey, S. 177

Abschlussspiele:
Rawpixel.com, S. 180; oksix, S. 182; www.freund-foto.de, S. 183; Giorgio Magini, S. 185; Africa Studio, S. 186

Mit Ausnahme von S. 19 und 121 sind alle Bilder und Icons von www.stock.adobe.com

Notizen